초급 AI 프롬프트 엔지니어링

AI문고

인공지능 시대입니다. 기계가 인간의 인지를 대신하고, 사물이 인간을 통하지 않고 다른 사물과 직접 커뮤니케이션합니다. 이에 따른 인간 삶과 문명 변화를 정확히 이해·예측·대응하는 것은 이 시대 우리 모두의 과제입니다. AI문고는 인공지능 기술과 환경의 여러 주제를 10가지 키워드로 정리합니다. 관련 개념과 이론, 학계와 산업계의 쟁점, 우리 일상의 변화를 다룹니다. 인간과 기술의 현재, 미래를 세심히 분석합니다.

일러두기

- 인명, 작품명, 저서명, 개념어 등은 한글과 함께 괄호 안에 해당 국가의 원어를 병기했습니다.
- 외래어 표기는 현행 어문규정의 외래어표기법을 따랐습니다. 다만 '윈도우', '팔로업', '솔루션' 등은 관행을 따랐습니다.

처음이세요?

전문가세요?

초급 AI 프롬프트 엔지니어링

김용석

대한민국, 서울, 커뮤니케이션북스, 2025

초급 AI 프롬프트 엔지니어링

지은이 김용석
펴낸이 박영률

초판 1쇄 펴낸날 2025년 7월 7일

커뮤니케이션북스(주)
출판 등록 2007년 8월 17일 제313-2007-000166호
02880 서울시 성북구 성북로 5-11
전화(02) 7474 001, 팩스(02) 736 5047
commbooks@commbooks.com
www.commbooks.com

ISBN 979-11-430-0505-2 03500

책값은 뒤표지에 표시되어 있습니다.

차례

초보자를 위한 프롬프트 엔지니어링

AI 상호작용을 위한 종합 가이드

상상해 보라. 시를 쓰고, 양자 물리를 설명하고, 마케팅 캠페인을 기획하고, 주어진 설명으로 이미지를 만들어 내고, 코드 디버깅을 도와줄 수 있는 지능형 비서를 말이다. 이 비서는 수백만 권의 책과 웹사이트를 탐독했고, 수십 개의 언어를 구사하며, 당신이 미처 생각하지 못했던 혁신적인 아이디어를 창출할 수 있다. 단 하나의 조건이 있다면, 이 비서는 당신의 의도를 정확히 이해할 수 있도록 명확하고 구체적인 지시를 필요로 한다는 것이다.

만약 당신이 챗지피티(ChatGPT), 클로드(Claude), 또는 바드(Bard, 현 제미나이) 같은 AI와 대화해 본 적이 있다면, 이미 모르는 사이에 당신은 프롬프트 엔지니어링에 참여한 것이다. AI가 당신의 요구를 정확히 이해했을 때의 짜릿한 성취감과, 반대로 AI가 당신의 요청을 완전히 잘못 해석했을 때의 깊은 좌절감을 경험했을 것이다. 이 경험의 차이는 결국 한 가지에 달려 있다. 바로 당신은 당신의 의도를 프롬프트를 통해 얼마나 효과적으로 전달했는가 하는 점이다.

이 책은 그 의사소통의 핵심을 다루는 안내서다. 당신이 이 책의 마지막 페이지를 덮을 즈음 당신은 영감을 찾는 작가, 업무 프로세스를 혁신하는 전문가, 학습 자료를 개발하는 교육자, 또는 AI 도구에 호기심 가득한 탐구자 중 누구라도 일관되고 정확한 결과를 얻기 위한 프롬프트 작성 방법을 완벽히 이해하게 될 것이다.

지금 프롬프트 엔지니어링이 중요한 이유

우리는 기술 역사의 획기적인 전환점에 서 있다. 수십 년 동안 인간은 엄격한 구문과 냉혹한 오류 메시지를 가진 딱딱한 프로그래밍 언어를 배워야 했다. 하지만 이제는 처음으로 기계가 우리의 언어를 깊이 있게 이해할 수 있게 되었다. 이들은 미묘한 뉘앙스를 해석하고, 복잡한 지시를 정교하게 따르며, 놀라운 영역에서 인간 수준의 콘텐츠를 생성할 수 있다.

그러나 이러한 강력한 도구들이 마법처럼 자동으로 작동하는 것은 아니다. 이들은 정교한 예측 메커니즘을 통해 작동한다. 다시 말해 제공된 텍스트의 패턴을 치밀하게 분석하고, 학습된 데이터의 패턴을 기반으로 응답을 생성한다. 이들 결과물의 품질은 입력되는 정보의 품질에 절대적으로 의존한다.

바로 이것이 프롬프트 엔지니어링이 AI 시대 핵심 기술로 부상한 이유다. 여기서 중요한 것은 복잡한 기술 세부 사항이나 프로그래밍 언어를 습득하는 것이 아니다. 오히려 자신의 의도를 정확하게 전달하고, 적절한 맥락을 제공하며, 이러한 시스템이 요청을 어떻게 해석하는지 이해하는 능력이 중요하다.

AI 도구가 우리의 일상생활과 업무에 점점 더 깊숙이 통합됨에 따라, 이를 효과적으로 활용하는 능력은 곧 타이핑이나 웹 브라우저 탐색만큼 기본적인 디지털 리터러시가 될 것이다. 이 기술을 능숙하게 다루는 사람은 그렇지 못한 사람보다 훨씬 더 큰 가치를 창출할 수 있을 것이다.

프롬프트 엔지니어링이란 무엇인가?

프롬프트 엔지니어링은 AI 시스템으로부터 원하는 출력을 이끌어 내기 위해 입력을 전략적으로 설계하는 실천 방법이다. 근본적으로 이는 효과적인 커뮤니케이션에 관한 것으로, AI와 가장 유용하고, 정확하고, 적절한 방식으로 소통하는 방법을 찾는 과정이다.

프롬프트는 단순한 질문, 예를 들면, "프랑스 혁명 동안 무슨 일이 있었나요?"에서부터 복잡한 다단계 지시사항인 "35~50세 전문가를 대상으로 하는 고급 시계 브랜드의 마케팅 이메일을 작성하세요. 특정 브랜드 톤을 유지하고, 명확한 행동 촉구를 포함하며, HTML 형식으로 구성하세요"에 이르기까지 다양할 수 있다.

결국 프롬프트 엔지니어링은 AI와의 상호작용에서 최적의 결과를 이끌어 내기 위한 핵심적인 의사소통 기술이라고 할 수 있다. 효과적인 프롬프트 엔지니어링은 다음과 같은 요소를 포함한다.

- AI 모델의 능력과 한계 이해하기.
- 명확한 지침과 충분한 맥락 제공하기.
- AI가 원하는 결과를 도출할 수 있도록 정보를 구조화하기.
- 응답에 기반한 프롬프트 반복 및 개선하기.
- 일반적인 작업을 위한 재사용 가능한 패턴 및 템플릿 개발하기.

프롬프트 엔지니어링은 예술과 과학이 교차하는 흥미로운 영역이다. 신뢰할 수 있는 결과를 도출하기 위한 명확한 기술적 원칙이 존재하는 동시에, 창의성 또한 중요한 역할을 한다. 다시 말해, 각각의 고유한 요구 사항에 완벽하게 부합하는 최적의 응답을 이끌어 내는 것은 하나의 독창적인 탐색 과정인 것이다.

누구를 위한 책인가

이 책은 기술적 배경과 무관하게 AI 언어 모델을 더욱 효과적으로 활용하고자 하는 모든 이들을 위해 특별히 기획되었다. 다음과 같은 분들에게 적합할 것이다.

- AI 도구를 업무 프로세스에 매끄럽게 통합하고 싶은 전문가.
- 창의적인 아이디어 발상과 콘텐츠 제작을 위해 AI를 활용하려는 작가 및 크리에이터.
- AI로 학습 자료를 개발하고 학생들을 지원하고자 하는 교육자.
- 학습 보조 수단으로 AI를 활용하고 싶은 학생.
- 이 혁신적인 기술의 무한한 가능성을 탐구하는 호기심 넘치는 개인.
- 일상적인 글쓰기와 연구 작업을 자동화하려는 지식 근로자.

- 팀의 AI 도구 도입을 효과적으로 지원하는 관리자.

프로그래밍에 대한 전문 지식은 전혀 필요하지 않다. 간단한 이메일을 작성할 수 있다면, 프롬프트 엔지니어링을 충분히 배울 수 있다. 다만 기술적 배경을 가진 독자라면, 후속 장에서 AI 도구의 심도 있는 활용 방법과 더욱 깊은 통찰을 얻을 수 있을 것이다.

이 책의 구조는 어떻게 되어 있는가

이 책은 기초 개념에서 고급 기술로 나아가는 방식으로 여러분의 기술을 점진적으로 발전시키도록 구성되었다. 각 장은 다음과 같은 내용을 담고 있다.

- 핵심 개념에 대한 상세한 해설.
- 해당 원칙을 실제로 적용한 구체적인 사례.
- 학습한 내용을 직접 실습해 볼 수 있는 연습 문제.
- 프롬프트 엔지니어들의 실용적인 노하우와 조언.
- 흔히 빠지기 쉬운 실수와 피해야 할 위험 요소.

1장 AI 언어 모델 이해하기는 대규모 언어 모델의 기본 개념과 작동 방식을 설명한다. 언어 모델이 텍스트를 해석하고 생성하는 방법, 맥락의 중요성, AI의 능력과 한계에 대한 오해를 다루며, AI 시스템과의 명확한 커뮤니케이션이 왜 중요한지를 강조한다.

2장 효과적인 프롬프트의 구조와 기본 패턴에서는 잘 작성된 프롬프트의 핵심 구성 요소를 설명하고, 명확성과 구체성의 중요성을 강조한다. 질문과 요청을 효과적으로 구성하는 방법과 토큰 한계(Token Limitations)를 이해하는 것이 프롬프트의 효과성에 미치는 영향을 다루며, 기본 프롬프트 패턴의 특징과 활용 방법을 설명해 독자가 상황에 맞는 프롬프트를 선택할 수 있도록 돕는다.

3장 프롬프트 개선 기술은 프롬프트의 효과를 높이기 위한 다양한 기술을 다룬다. 반복 프롬프트를 통한 피드백 루프, 불명확한 프롬프트를 식별하고 수정하는 방법, 맥락과 제약을 추가하는 기술, 복잡한 요청을 단순화하는 방법, 모호성을 처리하는 기술을 설명한다.

4장 작업별 프롬프트에서는 창의적 글쓰기, 정보 검색, 문제 해결, 코드 생성, 데이터 분석 등 다양한 작업에 적합한 프롬프트를 제안한다. 각 작업의 특성에 맞춘 접근법을 설명해 독자가 실질적으로 활용할 수 있는 프롬프트를 제공한다.

5장 고급 프롬프트 구조는 사고의 연쇄 프롬프트와 몇 가지 예를 통한 학습 방법을 소개한다. 시스템 메시지와 사용자 메시지를 분리하는 방법, 구조화된 출력 형식의 중요성, 온도 및 샘플링 제어를 통해 고급 프롬프트 구조를 이해할 수 있도록 돕는다.

6장 실용적인 응용을 위한 프롬프트 엔지니어링에서는 글쓰기 지원, 브레인스토밍, 콘텐츠 확장 및 변형, 회의 준비 및 요약, 이메일 및 커뮤니케이션 초안 작성, 학습 및 연구 등 콘텐츠 생성에 유용한 프롬프트 기술을 다룬다. 독자가 창의적인 작업을 수행하는 데 필요한 도구를 제공한다.

7장 프롬프트 실패 이해하기는 바람직하지 않은 출력의 일반적인 원인과 프롬프트 문제 분석 및 진단 방법을 설명한다. 모델의 한계를 이해하고, 편향 및 원치 않는 콘텐츠를 다루는 방법, 불량 응답에서 회복하기 위한 전략을 제시한다.

8장 프롬프트 엔지니어링의 윤리적 고려 사항에서는 책임감 있는 AI 사용, 개인정보 및 민감한 정보 보호, 조작 및 왜곡 피하기, 저작권 및 지적 재산권 문제 등을 다루며, 윤리적 AI 상호작용의 중요성을 강조한다. 독자가 윤리적 기준을 준수하며 AI를 활용할 수 있도록 안내한다.

9장 프롬프트 라이브러리 구축은 성공적인 프롬프트 문서화, 반복 작업을 위한 템플릿 생성, 기능 및 목적별 프롬프트 정리, 프롬프트 버전 관리 및 개선 방법을 설명한다. 프롬프트 개발의 공유 및 협업을 통해 독자가 지속적으로 발전할 수 있는 기반을 제공한다.

마지막으로 10장 프롬프트 엔지니어링의 미래는 최신 AI 트렌드인 멀티모달 프롬프트, 자율 시스템, 도구 사용 등을 소개하며 프롬프트 엔지니어링의 미래 방향성을 탐구한다. 프롬프트 사고방식 개발과 지속적인 학습을 위한 전략을 제시하고, 전문가로 성장할 수 있는 구체적인 경로를 제안한다. 커뮤니티 참여와 지식 공유를 통해 독자들이 AI 기술의 최전선에서 성장할 수 있도록 돕는다.

이 책의 철학

이 책 전체를 관통하는 우리의 접근 방식은 다음과 같은 핵심 원칙들에 기반을 두고 있다.

실습을 통한 학습은 프롬프트 엔지니어링 기술을 가장 빠르게 습득하는 방법이다. 이론적으로 기술을 읽는 것도 도움이 되지만, 실제 연습이 가장 중요하다. 그래서 각 장에는 실습 과제와 도전 과제를 포함했다.

반복은 프롬프트 엔지니어링을 완벽하게 익히는 데 핵심적인 요소다. 대부분 첫 번째 프롬프트는 최적의 결과를 내지 못한다. 우리는 프롬프트를 일회성 시도가 아니라 지속적인 대화와 개선 과정으로 접근하는 방법을 가르칠 것이다.

공식을 암기하는 것보다 기술의 작동 원리를 이해하는 것이 훨씬 더 중요하다. 우리는 효과적인 패턴의 근본적인 원인을 설명함으로써, 학습자들이 새로운 상황에 유연하게 대응할 수 있도록 돕겠다.

프롬프트는 상황에 따라 크게 달라진다. 특정 모델이나 작업에 효과적인 방식이 다른 상황에서는 전혀 작동하지 않을 수 있다. 우리의 목표는 경직된 공식 대신 유연하고 적응 가능한 사고방식을 키우는 것이다.

윤리적 고려 사항은 AI 도구 활용의 핵심 지침이 되어야 한다. 우리는 이러한 기술이 기회와 위험을 동시에 내포하고 있음을 인식하며, AI의 책임감 있고 신중한 사용에 대해 깊이 있게 논의할 것이다.

이 책을 효과적으로 사용하는 방법

이 책을 통해 최대한의 가치를 얻는 방법은 다음과 같다.

- 순차적으로 읽어라. 후속 장은 이전에 소개된 개념을 기반으로 한다.
- 진행하면서 연습해라. 실제 AI 도구로 연습 문제를 시도해야 한다. 경험이 최고의 스승이다.
- 프롬프트 라이브러리를 구축해라. 잘 작동하는 프롬프트를 저장해야 한다. 귀중한 자원이 될 것이다.
- 예제를 넘어 실험해라. 이 책의 예제는 출발점일 뿐, 최종 목적지가 아니다. 특정 요구에 맞게 수정해야 한다.
- 자신에게 인내심을 가져라. 모든 기술과 마찬가지로 프롬프트 엔지니어링은 연습이 필요하다. 시간이 지남에 따라 나아질 것이다.
- 공유하고 협력해라. 토론은 학습을 향상한다. 가능하다면 프롬프트 엔지니어링을 배우는 다른 사람들과 발견한 내용을 공유해야 한다.

앞으로의 여정

프롬프트 엔지니어링으로의 여정을 시작하면서, 단순히 도구 활용법을 익히는 것을 넘어 새로운 커뮤니케이션 방식을 개발하고 있다는 점을 명심해야 한다. 우리는 인공지능과 협력해 자신의 역량을 확장하는 방법을 모색하고 있다.

효과적인 프롬프트 엔지니어링의 진정한 힘은 단순히 AI 시스템의 출력을 개선하는 데 있지 않다. 오히려 명확하고 효과적인 프롬프트를 만드는 과정 자체가 자신의 사고를 향상하는 데 기여한다. 원하는 바를 정확하게 표현하는 방법을 익히면, 자신의 목표와 과정에 대한 더 깊은 이해를 발전시킬 수 있다.

앞으로의 장에서는 이론적 기반에서 실제 적용으로, 기본 개념에서 고급 기술로 점진적으로 나아갈 것이다. 이를 통해 현재의 AI 도구뿐만 아니라 앞으로 등장할 더욱 진보된 시스템에서도 활용할 수 있는 기술을 습득하게 될 것이다.

인간 언어, 인공지능, 창의적 문제 해결이 만나는 흥미진진한 접점을 함께 탐험하며 이 흥미로운 여정을 시작해 보자.

참고문헌

Davies, R.(2024). *Prompt engineering in practice.* Manning Publications.

Hunter, N.(2023). *The art of prompt engineering with ChatGPT: A hands-on guide (Learn AI tools the fun way!).* ChatGPT Trainings.

Jud, M.(2024). *Crafting effective prompts: An AI prompt*

engineering guide. Marcel Jud MSc.

Kepel, D. & Valogianni, K.(2024.6.25). Autonomous prompt engineering in large language models. *Arxiv,* https://arxiv.org/abs/2407.11000

Phoenix, J. & Taylor, M.(2024). *Prompt engineering for generative AI: Future-proof inputs for reliable AI outputs.* O'Reilly Media.

Sahoo, P., et al.(2024.2.5). A systematic survey of prompt engineering in large language models: Techniques and applications. *ArXiv,* https://arxiv.org/abs/2402.07927

01
AI 언어 모델 이해하기

대규모 언어 모델의 기본 개념과 작동 방식을 설명한다. 언어 모델이 텍스트를 해석하고 생성하는 방법, 맥락의 중요성, AI의 능력과 한계에 대한 오해를 다루며, AI 시스템과의 명확한 커뮤니케이션이 왜 중요한지를 강조한다.

AI와 1인 창업?

현대 AI와의 상호작용 기반

AI 어시스턴트의 도움으로 시를 쓰거나 복잡한 개념설명을 받는 과정은 대규모 언어 모델(LLM, Large Language Model)과의 상호작용이다. 이 장은 기술 용어나 수학 대신 직관적인 비유로 언어 모델의 본질을 설명하고, 효과적인 프롬프트 설계를 위한 개념적 기반을 제공한다.

대규모 언어 모델이란 무엇인가?

대규모 언어 모델은 도서, 기사, 웹사이트, 그리고 다른 문서 자료들로부터 방대한 양의 텍스트를 학습한 인공지능 시스템이다. 이름의 "대규모"라는 표현은 수십억 또는 심지어 수조 개의 매개변수를 포함하는 모델의 거대한 규모와 학습에 사용된 엄청난 규모의 데이터세트를 모두 지칭한다.

- 패턴 인식 기계: LLM은 방대한 양의 텍스트 데이터를 학습해 단어, 문장, 아이디어 사이의 패턴을 인식한다. 실제 경험은 없지만 다양한 문맥에서 단어가 어떻게 등장하는지를 바탕으로 응답을 생성한다.
- 예측 엔진: 사용자가 입력한 단어 시퀀스를 기반으로 다음에 올 단어를 예측한다. 이는 단순 사실을 넘어 문학, 과

학, 이메일 등 다양한 형식의 텍스트도 생성 가능하게 한다.

• 맥락 이해: GPT-4 등 최신 모델은 긴 콘텍스트를 고려한다. 이는 문단 전체 또는 대화 흐름 전체를 이해하고, 일관된 응답을 생성할 수 있도록 한다.

언어 모델의 텍스트 해석 및 생성 방식

이제 언어 모델이 무엇인지 이해했으니, 사용자의 관점에서 그들이 어떻게 작동하는지 살펴보겠다. 언어 모델에 프롬프트를 제공할 때 다음과 같은 일련의 프로세스가 순차적으로 발생한다.

- 토큰화: 입력을 토큰 단위로 분해.
- 맥락 분석: 토큰을 문맥 속에서 분석.
- 예측: 다음에 올 토큰을 예측.
- 생성: 반복적으로 새로운 토큰을 생성.
- 출력: 예측된 토큰들이 최종 응답을 형성.

LLM은 협동 이야기 만들기 게임처럼 문맥에 맞는 다음 단어를 예측한다. 단, 수천 개의 토큰을 한 번에 고려하며, 훨씬 더 정교하다. 모델은 인간처럼 개념을 이해하지 않는다. 훈련 데이터에서 발견한 통계적 패턴을 기반으로 응답한다. 모델은 훈련 이후의 사실이나 직접 경험한 정보를 알 수 없다.

맥락의 개념과 그 중요성

맥락이란 모델이 응답을 생성할 때 고려할 수 있는 모든 텍스트(프롬프트, 예시, 이전 응답)를 의미하며, 이는 콘텍스트 윈도우에 의해 제한된다. 제공되는 맥락은 AI 모델의 응답을 근본적으로 좌우한다. 다음 두 가지 프롬프트를 살펴보자.

Prompt 1: "개에 대해 작성해라."

Prompt 2: "개가 늑대에서 어떻게 진화했는지에 대해 200단어 이내의 설명을 작성하라. 10세 어린이에게 설명할 수 있게 간단한 언어를 사용하고, 길들여지는 과정에서 발생한 신체적 변화에 초점을 맞춰라."

두 번째 프롬프트는 추가적인 맥락을 제공한다.

- 주제의 구체성 (늑대에서의 진화).
- 원하는 길이 (200단어).
- 대상 (10세 어린이).

- 어조 (간단한 언어).
- 초점 (길들여지는 과정에서의 신체적 변화).

이러한 추가 맥락은 모델의 응답 범위를 좁혀 더 정확하고 의도된 결과를 이끌어 낼 가능성을 높인다. 모든 모델은 최대 문맥 길이를 가진다. 따라서 다음 전략이 필요하다.

- 중요한 정보를 앞 또는 끝에 배치.
- 장황한 표현 줄이기.
- 콘텍스트 초과 방지.

AI의 능력과 한계에 대한 일반적인 오해

언어 모델을 사용하기 시작할 때, 모델이 할 수 있는 것과 할 수 없는 것을 이해하는 것이 중요하다. 이러한 시스템에 대한 많은 좌절감은 그 능력에 대한 오해에서 비롯된다.

오해 1: "AI가 내 의도를 정확히 이해한다."

언어 모델은 인간처럼 텍스트를 진정으로 "이해하지" 못한다. 이들은 패턴을 인식하고 예측을 생성하지만, 인간의 이해력, 의식 또는 의도는 결여되어 있다.

오해 2: "AI는 인터넷에서 접근할 수 있다."

기본적인 언어 모델(추가 도구나 기능 없이)은 다음과 같은 작업을 수행할 수 없다.

- 웹 검색.
- 실시간 정보 접근.
- 데이터베이스에서 데이터 검색.
- 프로그램 실행.
- 훈련 데이터 이외의 정보 접근.

모델은 마치 무언가를 찾아본 것처럼 보이는 정보를 제공하지만, 이는 훈련 중에 관찰한 패턴을 바탕으로 텍스트를 생성하고 있는 것이다.

오해 3: "AI는 항상 사실적으로 정확하다."

언어 모델은 학습 데이터의 패턴을 기반으로 그럴듯한 텍스트를 생성하지만, 이것이 정확성을 보장하지는 않는다. 이는 "hallucination(환각)"이라 불리는 현상으로, 잘못된 정보를 설득력 있게 제시할 수 있다. 중요한 정보는 항상 권위 있는 출처를 통해 검증해야 한다.

오해 4: "AI는 일관된 의견이나 신념을 가진다."

인간과 달리, 언어 모델은 고정된 신념, 가치 혹은 의견을 지니지 않는다. 그들의 응답은 훈련 데이터의 패턴과 미세 조정 방식을 반영할 뿐, 근본적으로 일관된 세계관에 기반하지 않는다.

오해 5: "AI는 우리의 이전 대화를 기억한다."

특별히 메모리 시스템으로 설계되지 않은 경우, 대부분의 언어 모델은 현재 콘텍스트 창에 있는 내용만 "기억"한다. 대화가 콘텍스트 길이를 초과하면, 모델은 더 이상 이전 대화에 접근할 수 없다.

AI 시스템과의 명확한 의사소통의 중요성

우리가 언어 모델의 본질과 작동 방식을 이해하게 되면, AI 시스템과 상호작용할 때 명확한 의사소통이 얼마나 중요한지 깊이 이해할 수 있다. 인간과의 대화보다 더 명확해야 하는 이유는 AI는 사용자 표정, 암묵적 문화 맥락, 배경지식을 이해하지 못한다. 따라서 더욱 정확한 언어적 표현이 요구된다.

프롬프트 엔지니어링에 도움 되는 사고방식은 "최소 가정의 원칙"이다. 이는 특정 요구 사항, 선호도, 맥락에 대해 명시적으로 설명하지 않는 한 모델이 아무것도 모른다고 가정하는 것이다.

예를 들어, "이것이 좋은 투자인가?"와 같이 묻기보다는, "20년 후 100만 달러를 저축해 은퇴하겠다는 목표에 비추어, 이 인덱스 펀드에 1만 달러를 투자하는 것이 과거 성과를 기준으로 볼 때 이 목표와 부합하는가?"와 같이 구체적으로 물을 수 있다.

AI에 프롬프트를 작성하는 것은 여러 면에서 컴퓨터를 프로그래밍하는 것과 유사하다. 특정 규칙에 따라 해석되고 실행될 지시 사항을 제공하고 있는 것이다. 프로그래밍 코드의 작은 구문 오류가 예기치 못한 결과를 초래할 수 있듯, 프롬프트의 작은 모호성이나 누락된 부분도 원래 의도한 바에서 벗어난 응답을 이끌어 낼 수 있다.

실습 : 모델 행동을 직접 경험하기

언어 모델의 작동 방식을 더욱 확실하게 이해하기 위해 다음과 같은 실습을 선택한 AI 어시스턴트와 함께 해 보자.

- 모호한 프롬프트: “기술에 대해 말해 줘.”
- 구체성 추가: “고등학생에게 스마트폰 터치스크린이 어떻게 작동하는지 설명해 줘.”
- 제약 조건 추가: “정확히 100단어로 고등학생에게 스마트폰 터치스크린이 어떻게 작동하는지 설명해 줘.”
- 톤 가이드 추가: “정확히 100단어로 고등학생에게 스마트폰 터치스크린이 어떻게 작동하는지 설명해 줘. 흥미롭게 만들고 비유를 사용해.”

추가적인 맥락은 응답의 범위를 좁히고, 더욱 정확하고 의도에 부합하는 결과를 이끌어 낼 수 있다.

주요 내용

현대 언어 모델은 인간처럼 언어를 “이해”하지 않고, 훈련 과정에서 관찰한 통계적 패턴을 바탕으로 텍스트를 예측하는 패턴 인식 시스템이다.

이들은 경험, 의식, 의도 없이 작동하며, 제공된 맥락 정보에 따라 응답이 결정된다. 따라서 AI와의 상호작용에서는 인간보다 훨씬 더 명확하고 구체적인 지시가 필요하다.

모델은 프롬프트 외부의 정보에 접근하지 못하며, 사

실과 다른 정보를 그럴듯하게 말하거나, 이전 대화를 기억하지 못하는 등 여러 한계가 존재한다.

참고문헌

Bommasani, R., et al.(2021.8.16). On the opportunities and risks of foundation models. *ArXiv*, https://arxiv.org/abs/2108.07258

Brown, T., et al.(2020.5.28). Language models are few-shot learners. *ArXiv*, https://arxiv.org/abs/2005.14165

Bubeck, S., et al.(2023.3.22). Sparks of artificial general intelligence: Early experiments with GPT-4. *ArXiv*, https://arxiv.org/abs/2303.12712

OpenAI et al.(2023.3.15). GPT-4 Technical report. *ArXiv*, https://arxiv.org/abs/2303.08774

Vaswani, A., et al.(2017.6.12). Attention is all you need. *ArXiv*, https://arxiv.org/abs/1706.03762

02
효과적인 프롬프트의 구조와 기본 패턴

잘 작성된 프롬프트의 핵심 구성 요소를 설명하고, 명확성과 구체성의 중요성을 강조한다. 질문과 요청을 효과적으로 구성하는 방법과 토큰 한계를 이해하는 것이 프롬프트의 효과성에 미치는 영향을 다루며, 기본 프롬프트 패턴의 특징과 활용 방법을 설명해 독자가 상황에 맞는 프롬프트를 선택할 수 있도록 돕는다.

AI와 MBTI?

효과적인 지시문 설계하기

이 장에서는 프롬프트의 핵심 구성 요소, 명확성과 구체성의 중요성, 질문 구성 방식을 중심으로 실질적인 지시문 설계 전략을 제시한다. 효과적인 지시문을 만들기 위해서는 아래의 핵심 요소가 중요하다.

- 명확한 지시: "온대 지역 농업 생산에 기후 변화가 미치는 다섯 가지 영향을 설명하라"
- 관련 맥락 제공: "프리미엄 커피 구독 후 최근 주문이 없는 고객에게 15% 할인 공지 이메일을 작성하라"
- 예시 포함: "12세 어린이가 이해할 수 있도록 기술 개념을 설명하라. 예: 광합성은 식물이 햇빛으로 음식을 만드는 과정."
- 형식 지정: "요일, 식사, 요리, 재료 항목이 포함된 식단표를 작성하라."
- 어조 및 문체 명시: "포터리 반(Pottery Barn) 스타일의 따뜻한 어조로 제품 설명."
- 청중 지정: "고등학생 대상 핵융합 개념 설명."
- 제약 조건: "종교 용어 없이, 300단어 이내, 과학 근거 1개 이상 포함."
- 평가 기준 명시: "가치 제안, 250단어 제한을 기준으로 평

가됨."

명확하고 구체적으로 설계된 프롬프트는 원하는 출력에 훨씬 가까운 결과를 도출한다.

- 모호한 지시: "전기차에 대한 정보를 줘."
- What: "전기차 모델 간 성능 비교 제공하라."
- Who: "첫 차 구매자를 위한 저가 전기차 비교."
- Why: "식중독 불안 해소를 위한 정보 제공 목적."
- How: "표 형식+모델당 2~3문장 요약 포함."
- What not: "중고차, 45,000달러 이상 차량 제외, 2023년 신차 기준."

AI는 목적에 맞는 질문 형식일수록 언어 패턴을 더 효과적으로 활용한다.

- 직접 질문 vs 개방형 질문: "캥거루는 어디에 사는가? vs 왜 캥거루는 특정 지역에만 서식할까?"
- 문제 해결 틀: "원격 12인 팀의 스프린트 완수율 저하 문제 – 원인과 해결책 제안하라."
- 비교 틀: "태양광 vs 풍력 – 설치비, 유지비, 생산 일관성,

공간 요건 기준 비교하라."

언어 모델은 처리 가능한 최대 토큰 수가 정해져 있어, 이를 이해하면 프롬프트를 더 효율적이고 전략적으로 설계할 수 있다.

- 한국어: 대략 4자당 1토큰 / 영어: 대략 3~4단어당 1토큰.
- 공백/구두점/이모티콘도 토큰으로 계산됨.
- 모델은 프롬프트(입력) + 응답(출력)을 합산한 총 토큰 수 내에서 작동.

대규모 문서 작업 시 다음 전략을 고려하라.

- 우선순위 배치: 핵심 조건은 앞 또는 끝에 배치.
- 간결+명확: 불필요한 정보나 문장 제거.
- 세분화: 작업을 여러 단계로 분할.
- 요약 활용: 긴 문서는 먼저 요약 후 세부 작업.
- 범위 제한: 포괄적 질문보다는 핵심 주제 집중.

CRAFT 프레임워크

효과적인 프롬프트를 작성하기 위한 핵심 요소를 CRAFT로 기억하라.

- C – Clear instruction: 명확한 지시.
- R – Relevant context: 관련된 맥락 제공.
- A – Audience and tone: 청중과 어조 설정.
- F – Format specification: 형식 지정.
- T – Thoughtful constraints: 제약 조건.

CRAFT를 사용한 마케팅 이메일 작성 예시:

C: "마케팅 이메일 작성."

R: "대상은 마케팅 에이전시이며, 새 기능 강조."

A: "전문적이면서 대화형, 팀 효율성에 집중."

F: "포함 요소: 제목 / 인사말 / 기능 / 이점 / 사례."

T: "200단어 이내, 가격 언급 금지."

직접적인 지시와 명령

직접 지시는 명확한 명령형 문장을 통해 AI에게 구체적인 작업을 요청하는 가장 기본적이고 강력한 프롬프트 유형이다.

- 기본 구조: [동작 동사] + [구체적인 대상] + [조건 또는 제약 사항]

예시와 유형별 사례는 다음과 같다.

- 단순 지시: "기후 변화에 관한 이 기사에서 핵심 내용을 요약하라."
- 조건 포함: "다음 문단을 영어에서 스페인어로 번역하되, 격식을 유지하라."
- 제약 포함: "수중을 배경으로 한 SF 소설의 독창적인 제목 다섯 개를 생성하라. 각 제목은 두 단어 이내여야 한다."
- 형식 지정 포함: "초보자를 위한 근력 운동 중심의 주간 운동 계획을 작성하라. 요일을 열로, 근육 부위를 행으로 구성한 표 형식으로 작성하라."

직접 지시의 효과를 높이기 위한 구체적 방법은 다음과 같다.

- 명확한 동작 동사.
- 출력 특성 명시.
- 맥락 포함.

질문 기반 프롬프트

정보 추출, 분석, 탐색적 사고 유도에 효과적이며, 명령형보다 더 자연스러운 상호작용을 유도한다.

- 기본 구조: [의문사] + [주제] + [특정 측면]?

질문 유형에 따라 다양한 반응이 유도된다.

- 사실형: "왜 계절이 바뀌는가?"
- 비교형: "수력 vs 풍력: 설치비와 유지비 비교."
- 분석형: "원격 근무 급증 원인은?"
- 가설형: "차량 소유율이 50% 줄면 대도시 교통은 어떻게 바뀔까?"
- 평가형: "지속 가능한 물 절약 방식은?"

효과적인 질문을 만들기 위한 방법은 다음과 같다.

- 구체성 추가.
- 제약 조건을 포함.
- 분석 깊이 명시.

역할 기반 프롬프트

AI가 특정 직업, 관점, 기능, 캐릭터의 역할을 맡아 응답하도록 유도하는 방식으로, 어조, 어휘, 접근 방식에 전문성과 상황 적합성을 부여한다.

- 기본 구조: 당신은 [역할 설명]. [질문].

다음은 역할 기반 프롬프트의 예시다.

- 전문가 역할: "당신은 경험 많은 소아과 의사다. 이유식을 시작하는 방법을 설명하라."
- 관점 역할: "노년층의 입장에서 스마트폰의 어려움을 설명하라."
- 기능 역할: "당신은 대학 입학 사정관이다. 다음 지원서 에세이에 대해 피드백을 제공하라."
- 캐릭터 역할: "당신은 고대 로마 전문가 가이드다. 첫 방문한 관광객에게 콜로세움을 소개하라."

역할 기반 프롬프트 강화 전략은 다음과 같다.

- 역할 구체화.

- 역할 특성 추가.
- 명확한 작업과 결합.
- 청중 정보 추가.

단계별 추론 프롬프트

AI가 복잡한 문제를 논리적 단계로 나누어 순차적으로 사고하도록 유도하는 방식. 결론보다 사고 과정이 중요한 문제에서 매우 유용하다.

- 기본 구조 : 간단한 형태: "[문제]. 이 문제를 단계별로 해결하라." / 확장된 형태: "[문제]. 이 문제를 단계별로 생각하라: ① 먼저… ② 다음으로… ③ 마지막으로…."

다음은 단계별 추론 프롬프트의 예시다.

- 간단한 지시: "다음 정보(비용, 매출 예상)에 기반해 투자 여부를 결정하라. 단계별로 해결하라."
- 구조화: "이 회사의 유럽 진출 여부를 판단하라: 1) 시장 규모, 2) 자원 분석, 3) 규제, 4) 수익 추정."
- 문제 분해: "대중교통 확장: 버스 vs 경전철. 비용, 유지비, 인프라 관점에서 단계적으로 분석하라."

단계별 추론 프롬프트 강화 전략은 다음과 같다.

- 단계 명시.
- 설명 요청.
- 대안 제시.
- 검증 요청.

비교 분석 프롬프트

두 개 이상의 항목, 접근 방식, 아이디어를 특정 기준에 따라 비교·평가하도록 유도하는 방식. 복합적이고 균형 잡힌 분석이 가능하다.

- 기본 구조: [A]와 [B]를 [비교 기준]에 따라 비교하라. / [상황/목표]에 대해, [A]와 [B]의 상대적인 장단점은 무엇인가?

다음은 비교 분석 프롬프트의 예시다.

- 단순 비교: "사무실 근무와 재택근무를 생산성, 워라밸, 협업 효율성, 비용 측면에서 비교하라."
- 맥락 포함: "기술 자원이 제한된 전자 상거래 사업 관점에서 쇼피파이(Shopify)와 워드프레스(WordPress)를 비교

하라.”

• 다차원 비교: “뱅킹 앱 개발 시, 애자일 · 워터폴을 일정 유연성, 확장성을 기준으로 비교하라.”

• 비교 기반 추천: “건강식품 마케팅: 5만 달러 예산, 3개월 일정 조건. 전략 비교 및 최적 안 추천.”

비교 분석 프롬프트의 강화 전략은 다음과 같다.

- 기준 명시.
- 맥락 제공.
- 시나리오 포함.
- 차이점 강조.

패턴 결합 전략

하나의 프롬프트에 여러 패턴(비교, 역할, 단계, 질문 등)을 조합해 정교하고 목표 지향적인 응답을 유도하는 방법이다.

• 역할 기반 + 단계별 추론: “재정 상담가로서, 모기지 vs 은퇴 저축을 세금 · 이자율 · 위험 성향 기준으로 단계별 분석하라.”

• 직접 지시 + 비교 분석: "장고(Django) / 플라스크(Flask) / 패스트API(FastAPI)를 성능 · 확장성 등 기준으로 표로 비교하고, 가장 적합한 프레임워크를 추천하라."

• 질문 기반 + 역할 기반: "지속 가능성 전문가로서, 중소도시 탄소 감축을 위한 3가지 방안과 실행 과제를 제시하라."

• 비교 분석 + 단계별 추론: "사회 불안이 있는 영재 아동에게 홈스쿨링 vs 전통 학교를 학업 · 정서 · 실용성 기준으로 단계별 비교하라."

패턴 결합시 다음 원칙들을 생각해야 한다.

- 기본 패턴 설정.
- 명확성 유지.
- 지시 순서 설계.
- 형식화.
- 복잡성 방지.

주요 내용

프롬프트의 설계는 AI 응답 품질에 직접적인 영향을 미친다. 따라서 프롬프트의 유형별 패턴을 정리하고, 실제 활용과 조합 전략을 통해 더욱 강력한 프롬프트를 만드는 방법을 설명했다.

프롬프트는 명확성과 구조가 핵심이다. 좋은 프롬프트는 지시, 맥락, 청중, 형식, 제약 조건이 통합되어야 하며, 질문 구성은 응답 품질에 직접적 영향을 준다. 토큰 한계(프롬프트+응답 합산 길이)를 인식해 간결하게 작성하고, 표나 목록 등 시각적 형식을 활용하면 AI의 해석력이 향상된다. CRAFT 프레임워크는 실전 설계에 유용하며, 성공/실패 사례 분석은 가장 효과적인 학습 도구다.

또한 프롬프트 활용을 위해 다음 5가지 패턴을 숙지해야 한다. 직접 지시형: 명확한 명령 → 요약 · 번역 등 단순 작업. 질문 기반: 질문을 통해 정보 · 분석 유도. 역할 기반: 전문가나 특정 관점 설정. 단계별 추론: 순차적 사고 유도 → 복잡한 분석에 적합. 비교 분석: 항목 간 차이 평가 → 의사 결정에 효과적. 이들은 상호 결합 가능하며, 모델의 성능에 따라 명시성이나 응답 구조를 조정해야 한다.

참고문헌

Hewing, M. & Leinhos, V.(2024.12.6). The Prompt canvas: A

literature–based practitioner guide for creating effective prompts in large language models. *ArXiv,* https://arxiv.org/abs/2412.05127

Vatsal, S. & Dubey, H.(2024.7.17). A survey of prompt engineering Methods in large language models for different NLP tasks. *ArXiv,* https://arxiv.org/abs/2407.12994

03

프롬프트 개선 기술

프롬프트의 효과를 높이기 위한 다양한 기술을 다룬다. 반복 프롬프트를 통한 피드백 루프, 불명확한 프롬프트를 식별하고 수정하는 방법, 맥락과 제약을 추가하는 기술, 복잡한 요청을 단순화하는 방법, 모호성을 처리하는 기술을 설명한다.

AI와 난임 극복?

반복과 개선의 기술

글쓰기가 초안에서 완성으로 발전하듯, 프롬프트도 한 번에 완벽해지는 경우는 드물다. 이 장에서는 체계적인 개선 접근 방식, 흔한 문제의 해결법, 지속적 개선을 위한 사고방식을 소개한다.

반복적 프롬프트 작성: 피드백 루프

프롬프트 엔지니어링에서 가장 강력한 기술은 특정 공식이 아닌 반복적 개선이다. 프롬프트를 단발적인 명령이 아닌 대화의 일부로 접근하는 것이다. 기본적인 반복 사이클은 다음과 같다.

- 작업에 대한 이해를 바탕으로 초안 작성.
- 응답을 면밀히 관찰.
- 잘된 점과 부족한 점 분석.
- 문제를 해결하고 결과를 향상하도록 수정.
- 만족할 결과가 나올 때까지 반복.

복잡한 작업에서는 다음과 같은 버전 관리 팁이 필요하다. 이렇게 하면 어떤 방식이 효과적인지 학습하고 프롬프트 감각을 키울 수 있다.

- 각 버전의 프롬프트를 저장.
- 변경한 내용과 이유 기록.
- 변경이 응답에 미친 영향 관찰.

프롬프트의 사용은 무한 반복이 가능하지만 현실적 제약 속에서 멈출 시점을 알아야 한다.

- 응답이 요구 사항을 충족할 때.
- 변경에 비해 개선 효과가 적을 때.
- 문맥 길이 등의 기술적 제한 도달 시.
- 과도하게 특정 케이스에 최적화하고 일반성이 낮아질 때.

불명확한 프롬프트 식별 및 수정

프롬프트 엔지니어링에서 가장 일반적인 문제 중 하나는 명확성 부족이다. 불명확한 프롬프트를 식별하는 방법과 이를 수정하는 기술에 대해 살펴보자. 불명확한 프롬프트의 징후는 다음과 같다.

- 요청의 일부만 응답함.
- 예상과 다른 방향으로 응답함.

- 모델이 되묻거나 조건을 명시함.
- "추가 정보 없이는…" 등 애매한 표현이 포함됨.
- 사용자 요청을 여러 해석으로 나눠 응답함.

다음은 불명확한 프롬프트를 개선하는 방법이다. 프롬프트를 제출하기 전 다음 항목을 점검하자.

- 요청이 구체적으로 명시되어 있는가?
- 필요한 배경 정보나 맥락이 제공되었는가?
- 추상적인 표현은 정의되었는가?
- 다중 요청이 있다면 명확하게 구조화되었는가?
- 형식, 어조, 분량 등 제약 조건이 포함되었는가?

맥락과 제약 조건 추가하기

프롬프트가 불명확하지는 않지만 원하는 결과를 끌어내기엔 맥락과 제약 조건이 부족할 수 있다. 이 경우 전략적으로 정보를 추가함으로써 성능을 크게 개선할 수 있다.

- 청중 맥락: "백신이 어떻게 작동하는지 설명해."

→ "과학에 관심은 많지만 생물학 배경지식이 없는 아동에

게 백신이 어떻게 작동하는지 설명하라."

- 목적 맥락: "기후 변화 연구 논문을 요약해 줘."

→ "기후 변화 영향에 대한 논문을 정부 공무원에게 정책 제안용으로 전달할 요약본으로 작성하라."

- 사전 정보 맥락: "다음 단계가 뭐야?"

→ "커뮤니티 텃밭 조성 프로젝트를 진행 중이다. 땅과 기본 도구는 확보했으나 자원봉사자와 식물은 아직 준비되지 않았다. 이 상황에서 가장 중요한 다음 세 단계를 제시하라."

- 제약 조건 맥락: "신제품 마케팅 계획을 세워 줘."

→ "친환경 물병 제품의 마케팅 계획을 세워 줘. 조건은 다음과 같다: 예산 5천 달러, 유료 광고 없이 SNS 콘텐츠 중심, 3개월 내 완료, 대상은 친환경 의식이 강한 대학생."

유용한 제약 조건은 다음과 같다.

- 형식 제약.
- 길이 제약.
- 어조 및 문체 제약.
- 내용 포함/제외 제약.
- 관점 제약.

다음은 맥락+제약을 통해 고도화된 프롬프트의 예시다.

- 초기 프롬프트: "이메일 작성 도와줘."
- 개선된 프롬프트: "3일 전 그래픽 디자인 견적을 요청한 잠재 고객에게 팔로업 이메일을 작성하라.
  분량은 150단어 이내.
  전문적이지만 친근한 어조.
  문의 또는 포트폴리오 요청 유도.
  가격 협상이나 할인 언급은 제외."
- 효과: 대상, 상황, 관계, 어조, 내용 포함/제외 조건이 명확히 주어져 유용한 응답 생성 가능.

모호하고 복잡한 요청 단순화하기

복잡한 요청은 AI 모델이나 사용자 모두를 압도할 수 있다. 이를 효과적으로 처리하려면 다음과 같은 전략이 필요하다. 다음은 복잡한 작업에서 사용할 수 있는 방법이다.

- 순차적 프롬프트: 복잡한 요청을 단계별로 나누어 각 단계에 맞는 프롬프트 구성. 예: 사업계획서 → 가치 제안 →

타깃 유저 → 경쟁 분석 등.

• 계층적 분해: 먼저 전체 구조를 잡고, 이후 세부 항목별로 요청.

• 입력-출력 연쇄: 이전 프롬프트의 응답을 다음 프롬프트의 입력으로 활용.

모호한 프롬프트 작성에 대해 해결할 방법을 알아보자.

• 핵심 용어 정의.

모호: "지속 가능한 비즈니스 모델을 만들어 줘."

명확: "환경 측면과 재정 측면(18개월 내 수익성 확보)을 충족하는 비즈니스 모델을 설계하라."

• 범위 지정.

모호: "우울증 치료에 대해 알려 줘."

명확: "성인 경증~중등도 우울증의 심리 치료 중심 치료법을 외래 환경 기준으로 정리하라."

• 선호 방식 명시

모호: "돈을 어떻게 투자할까?"

명확: "30년 은퇴 목표, 중간 위험 선호, 수동 투자 전략 전제하에 포트폴리오 구성과 자산군별 역사적 성과 기반 설명

제공."

- 필수 정보 추가

모호: "이 가격 괜찮은가요?"

명확: "2020년식 토요타 RAV4, 주행 35000마일, 정비 기록 완비, 가격 $24,000. 중서부 기준 적정 가격인지 평가."

- 다양한 관점 요청: "안정 중시 / 성장 중시 / 균형 접근 관점으로 각각 분석하고 추천 전략 제시."
- 신뢰도 표시 요청: "고객 불만 원인 가설별 신뢰도와 추가 정보 필요 사항 제시."
- 조건별 시나리오 요청: "경제 불황 / 정체 / 경쟁사 진입 시 마케팅 전략 예측."
- 결정 프레임워크 요청: "취업 제안 중 선택 대신, 개인 우선순위에 따른 의사 결정 프레임워크 제시."

효과적인 프롬프트 개선의 심리학

프롬프트 다듬기 능력을 향상하기 위해 이 과정에 담긴 심리적 측면을 이해하는 것이 도움이 된다.

숙련된 프롬프트 엔지니어는 일시적으로 '초심자의 시선'을 채택해, 자신의 프롬프트에 내포된 전제와 암묵적 지식을 인식할 수 있다. 이는 다음을 포함한다.

- 전제 의심하기: 어떤 정보를 당연하게 여기고 있는가?
- 신선한 시각으로 보기: 당신의 프롬프트를 맥락 없는 AI가 정확히 이해할 수 있을까?
- 처음부터 다시 시작할 용기: 최고의 개선은 완전한 재작성일 수 있다.

프롬프트 설계에는 정밀함과 창의성 사이의 균형을 유지해야 한다.

- 높은 제약: 매우 구체적이지만 창의성을 제한할 수 있음.
- 낮은 제약: 창의성은 열리지만 원하는 결과를 얻지 못할 수 있음.

이 균형은 목적에 따라 달라진다.

- 사실 기반 · 분석적 작업: 높은 제약이 유리.
- 창의적 · 탐색적 작업: 낮은 제약이 효과적.
- 문제 해결형 작업: 문제 정의는 명확히, 해결 방안은 유연하게.

프롬프트 개선 시스템 구축

다양한 연습을 통해 프롬프트 설계에 대한 '감각'을 키울 수 있으며, 다음과 같은 방법으로 발전 속도를 높일 수 있다.

- 모델의 반응 패턴 분석하기: 다양한 프롬프트에 대한 응답 차이를 관찰.
- 성공과 실패 사례 기록하기: 어떤 조건이 효과적이었는지 분석.
- 의도적인 반복 연습: 매 반복 시 목표를 정하고 개선 시도.
- 타인의 우수 사례 학습하기: 다른 사용자의 프롬프트에서 전략 벤치마킹.

프롬프트 개선을 즉흥적인 시도가 아닌 체계적인 반복 과정으로 만들기 위해 나만의 개선 시스템을 구축하자. 간단한 문서나 스프레드시트를 만들어 다음 항목을 기록한다. 이러한 시스템적 접근은 추측이 아닌 지속 가능한 개선 실천으로 이어진다.

- 초기 프롬프트와 의도한 목표.

- 응답의 품질 평가 (1~10점 혹은 기준 설정).
- 식별된 문제점.
- 수정한 내용과 그 이유.
- 개선 결과 및 추가 개선 방향.

중요한 프롬프트의 경우, 다양한 접근 방식을 실험해 보자. 실험적 접근은 프롬프트 전략에 대한 깊이 있는 이해를 키워 주며, 다양한 상황에 맞는 유연한 설계를 가능하게 한다.

- 해결할 문제를 명확히 정의.
- 서로 다른 2~3가지 프롬프트 개선안을 생성.
- 각각 테스트해 반응을 비교.
- 가장 성공적인 요소를 결합해 추가 개선.

주요 내용

프롬프트는 한 번에 완성되지 않으며, 반복적인 개선과 피드백이 필수다. 기본 사이클은 초안 작성 → 응답 관찰 → 분석 → 수정 → 반복이다. 버전 관리를 통해 개선 내역을 기록하고 효과를 분석하면 직관을 키울 수 있다. 다만 과도한 반복보다는 현실적 제약(요구 충족, 개선 한계 등)을 기준으로 종료 시점을 판단해야 한다.

불명확한 프롬프트는 부분 응답, 방향 이탈, 추가 질문 등으로 드러나며, 명확성 체크리스트(목표, 맥락, 형식 등)를 통해 사전에 검토하는 것이 중요하다. 또한 응답 품질을 높이기 위해 맥락(청중, 목적, 상황)과 제약(형식, 분량, 어조 등)을 전략적으로 추가해야 한다.

복잡한 요청은 순차적 분해, 계층적 접근, 입력-출력 연쇄 방식으로 단순화할 수 있다. 모호성은 범위, 용어, 조건 명확화로 해결하며, 다양한 시나리오와 관점, 결정 프레임워크를 요청해 불확실성에도 대응 가능하다.

마지막으로, 초심자의 시각으로 전제를 의심하고, 창의성과 정밀성 사이의 균형을 고려하며, 반응 패턴과 사례 분석을 통해 개인화된 개선 시스템(저널, A/B 테스트 등)을 구축하는 것이 지속 가능한 프롬프트 엔지니어링 능력 향상에 핵심이다.

참고문헌

Bigelow, S. J.(2025.3.19). 12 Prompt engineering best practices and tips. *TechTarget*, https://www.techtarget.com/searchenterpriseai/tip/Prompt-engineering-tips-and-best-practices

Hewing, M. & Leinhos, V.(2024.12.6). The Prompt canvas: A

literature-based practitioner guide for creating effective prompts in large language models. *ArXiv*, https://arxiv.org/abs/2412.05127

Symbio6(2024.9.8). Iterative refinement in prompt engineering, https://symbio6.nl/en/blog/iterative-refinement-prompt

04
작업별 프롬프트

창의적 글쓰기, 정보 검색, 문제 해결, 코드 생성, 데이터 분석 등 다양한 작업에 적합한 프롬프트를 제안한다. 각 작업의 특성에 맞춘 접근법을 설명해 독자가 실질적으로 활용할 수 있는 프롬프트를 제공한다.

AI와 사주?

목표에 따른 전략적 접근

이번 장에서는 창작, 정보 요약, 문제 해결, 코드 생성, 데이터 분석 등 실제 작업에 특화된 프롬프트 설계법을 살펴본다. 각각의 작업 유형은 고유한 과제를 포함하며, 효과적인 프롬프트 구조도 다르다.

창작 및 스토리텔링을 위한 프롬프트

창작은 자유로움과 구조의 균형이 중요하다. 과도한 제약은 창의성을 억제하고, 제약이 없으면 산만하거나 진부한 결과로 이어질 수 있다. 주요 과제는 다음과 같다.

- 진부하지 않고 독창적인 내용 생성.
- 일관된 스타일과 문체 유지.
- 깊이 있는 캐릭터와 서사 구조 개발.
- 명확한 요구 사항과 창의성 사이의 균형.

다음은 효과적인 창작 프롬프트 기술의 예시다.

- 캐릭터 중심 구성.

"내성적인 해양 생물학자가 심해 탐사 중 뜻밖의 발견을 하고, 타인과 협력하며 변화하는 이야기."

- 감각 및 분위기 강조.

"낡은 빅토리아풍 폐가를 배경으로, 먼지 냄새, 빛의 느낌, 바스락 소리, 벽지 질감을 묘사하고, 공포가 아닌 쓸쓸한 분위기를 연출."

- 스타일 모방.

"에밀리 디킨슨의 문체(대시, 슬랜트 라임, 압축된 이미지)로 가을 시 작성."

- 구조 제공.

"두 친구 간 오해를 중심으로 구성된 이야기: 시작 → 혼선 → 갈등 고조 → 진실 발견 → 관계 변화. 800~1000단어, 대화 · 행동 중심."

- 제약을 통한 창의 유도.

"30일 동안 문자만으로 이어지는 사랑 이야기. 간호사와 통역가의 관계, '사랑'이라는 단어는 마지막에만 등장."

정보 요약 및 검색을 위한 프롬프트

정보 요약 및 검색 작업은 새로운 내용을 창작하기보다 기존 정보를 추출 · 압축 · 구조화하는 데 중점을 둔다. 이는 기사 요약, 문서의 핵심 포인트 추출, 문헌 리뷰, 특정 주제에 대한 정보 수집 등에 해당한다. 주요 과제는 다음과 같다.

- 정보의 포괄성 확보.
- 사실적 정확성 유지.
- 편향 방지.
- 정보의 유용한 구조화.
- 요구 수준에 맞는 세부 정보 조정.

다음은 효과적인 정보 중심 프롬프트 작성 기술의 예시다.

- 정보 추출 프레임워크 제공.

항목별로 소제목을 지정하고, 핵심 내용에는 짧은 인용을 포함해 구조화 요청. 예: 정책, 이해관계자, 일정, 비판, 비교 등 추출.

- 균형 잡힌 시각 요청.

찬반 논거 모두 제시 + 전문가 합의 + 불확실성 영역 포함. 예: 원자력 논쟁에서 다양한 관점 정리.

- 계층적 요약.

요약을 100자, 500자, 주요 기술 사항 등 계층화해 요청. 예: 논문 요약 시 핵심 → 상세 → 기술 포인트 순서 구성.

- 비교 중심 정보 정리.

핵심 항목을 표로 비교 후 간단한 해설문 요청. 예: CNN vs

ViT vs SIFT.

- 청중 맞춤 정보 제공.

대상별로 난이도와 표현을 조정해 설명. 예: mRNA 백신을 연령별(아동, 학생, 성인)로 다르게 설명 요청.

문제 해결 및 분석을 위한 프롬프트

문제 해결 및 분석 과제는 AI가 상황을 평가하고, 다양한 선택지를 고려하며, 논리적이고 균형 잡힌 결론이나 해결책을 제시하도록 유도한다. 비즈니스 전략, 윤리적 딜레마, 기획, 상황 분석 등이 이에 해당한다. 주요 과제는 다음과 같다.

- 충분한 맥락 제공.
- 깊이 있는 분석 유도.
- 단일 해답으로 수렴하지 않도록 다양한 선택지 고려.
- 복잡성 관리.
- 다양한 요소 간의 균형 고려.

다음은 효과적인 문제 해결 프롬프트 작성 기술의 예시다.

• 구조적 분석 프레임워크.

구조적인 분석 기법을 제시해 문제를 체계적으로 분석 및 평가. 예: SWOT 및 Force Field 분석을 사용해 강점/약점 + 추진/저항 요인 분석 후 종합 권고.

• 시나리오 분석 및 시뮬레이션.

시나리오를 제시해 분석 및 시뮬레이션을 통한 예측. 예: 보수적~낙관적 시나리오별 제품 출시 결과를 세 가지 가정으로 분석.

• 다각도 분석.

다양한 이해관계자와 이론적 관점에서 입체적 평가. 예: 주4일제 도입 시 직원 · 경영진 · 이론 분석 병행.

• 실패 · 성공 사전 분석.

실패를 가정한 요인 도출 + 예방 및 대응책 설계. 예: 앱 출시 전 실패 이유 예측 및 준비 항목 도출.

• 의사 결정 매트릭스 구축.

기준별 점수화 및 가중치 반영, 민감도 분석 포함. 예: 구직자 입장에서 제안 비교 · 종합 평가.

코드 생성 및 디버깅을 위한 프롬프트

프로그래밍은 높은 정확성과 명확한 명세가 요구되므로, 다른 작업 유형과는 구분되는 프롬프트 전략이 필요하다. 코드 작성, 디버깅, 코드 설명 등 기술 중심 과제를 효과적으로 수행하기 위해 다음과 같은 전략이 유용하다. 주요 과제는 다음과 같다.

- 요구 사항의 구체성 확보.
- 정확한 코드 생성 및 에지(edge) 케이스 처리.
- 기존 코드 스타일 및 패턴 일관성 유지.
- 적절한 주석과 설명 포함.
- 오류 디버깅 및 수정 효과.

코드 생성 프롬프트 작성 기술의 예시다.

- 명세 기반 개발.

구체적인 기능 요구 사항(필드, 유효성 검사, 전송 동작), 기술 명세(ES6, 접근성, 모듈 구조)를 포함해 HTML + JS 코드 생성 요청.

- 단계별 생성.

요청 → 파싱(parsing) → 페이지 탐색 → 저장 → 통합 함수 순의 단계적 요구 사항으로 분해하며 설명 포함 요청.

- 테스트 기반 요청.

유효성 조건과 함께 통과해야 할 테스트 케이스를 명시, 테스트 실행 결과 포함해 반환하도록 요청.

- 코드 맥락 포함 요청.

기존 HTML/JS 코드 구조 제공 후, 해당 구조를 유지하면서 새 검증 로직 삽입 요청. 유효성 기준, 시각 피드백 방식까지 명시.

- 오류 기반 디버깅 요청.

현재 코드, 오류 메시지, 잘못된 동작 사례 제공. 수정 전후 설명 포함해 잘못된 조건 로직, 누락된 에지 케이스 처리 등을 명확히 요구.

데이터 분석 및 시각화를 위한 프롬프트

데이터 분석은 유용한 정보를 도출하고 의사 결정을 지원하기 위해 데이터를 검토, 변환, 해석하는 작업을 말한다. 주요 작업에는 통계 분석, 패턴 식별, 시각화, 리포트 작성 등이 포함된다. 주요 과제는 다음과 같다.

- 데이터 복잡성: 대규모/복잡한 데이터세트 처리.
- 분석 깊이: 표면적인 관찰을 넘은 통찰 도출.
- 적합한 분석 기법 선택.
- 명확한 시각화: 이해하기 쉬운 시각 자료 생성.
- 정확한 해석: 통계 결과의 의미 있는 해석.

데이터 분석 프롬프트 작성 기술 예시다.

- 분석 계획 수립.

고객 만족도 설문 데이터 분석 전, 어떤 질문을 다루고 어떤 통계 기법과 시각화를 사용할지 계획을 수립하도록 요청.

- 분석 방법 명시.

시계열 분해, 전년 대비 비교, 예측 모델링 등을 단계별로 요청하고 분석 목적과 해석을 요구.

- 다각도 탐색 요청.

마케팅 캠페인 데이터를 성과 지표, 고객, 시간대, 예산, 경쟁사 활동 등의 관점에서 분석하도록 요청.

- 시각화 중심 요청.

웹사이트 분석 데이터를 기반으로 사용자 흐름(Sankey), 참여도 히트맵, 전환 퍼널, 지역별 사용자 분포 등의 시각화를 지시.

- 인사이트-실행 프레임워크.

고객 이탈 분석 시, 설명적 분석 → 진단 → 예측 → 전략 제안 → 실행 로드맵을 포함하도록 구조화.

다중 작업 통합 프롬프트

실제 문제는 종종 여러 작업 유형(정보 수집, 분석, 창의적 구성 등)을 통합해야 해결된다. 주요 통합 시나리오는 다음과 같다.

- 조사 및 종합: 정보 검색+분석+요약.
- 분석 및 보고서 작성: 데이터 분석+콘텐츠 작성.
- 문제 해결 및 구현: 전략 분석+코드 생성.
- 학습 및 응용: 개념 이해+창의적 적용.

다음은 효과적인 다중 작업 프롬프트 기술이다.

- 연속형 과제 연결 방법: 이 프롬프트 구성 방식은 정보 수집 → 비교 분석 → 의사 결정 → 실행 전략으로 이어지는 논리적 흐름을 통해 복합 작업을 일관성 있게 처리할 수 있도록 설계되었다. 중간 결과가 이후 단계의 조건이 되므로, 단계별 출력을 확실히 받고 다음 단계로 넘어가야 한다.
- 병렬적 작업 + 통합 방법: 병렬적으로 서로 다른 분석 작업을 진행하면서도, 최종적으로는 통합된 실행 전략으로 연결되도록 설계되었다. 각 파트는 독립적으로 깊이 있게 분석하되, 중복이나 충돌 없이 통합된 시각으로 연결하는 것이 핵심이다.
- 적응형 순차 구성 방법: 사용자의 입력과 반응에 따라 유

연하게 경로가 달라지는 흐름을 설계할 수 있으며, 피드백 기반 맞춤형 콘텐츠 생성에 특히 효과적이다. 초기 진단 → 유형 분류 → 맞춤 솔루션 제공 → 경과 모니터링 → 차기 계획 제안. 이런 방식으로 실제 코칭 시스템처럼 활용할 수 있다.

주요 내용

AI를 활용한 작업에서 효과적인 결과를 얻기 위해서는 과제 유형에 맞는 프롬프트 설계가 중요하다.

창작 및 스토리텔링에서는 창의성과 방향성의 균형이 핵심이다. 캐릭터 중심 설정, 감각적 묘사, 스타일 모방, 서사 구조 제공, 창의적 제약 활용을 통해 독창적이고 일관된 결과를 유도할 수 있다.

정보 요약 및 검색 작업은 정확성과 포괄성을 중시한다. 정보 추출 프레임워크, 다각적 시각 요청, 계층적 요약, 비교 구조, 청중 맞춤 설명을 통해 정보 전달력을 높일 수 있다.

문제 해결 및 분석에서는 구조적 분석 기법, 시나리오 기반 예측, 이해관계자 분석, 사전 실패 분석, 의사 결정 매트릭스를 활용해 체계적이고 다면적인 해법을 제시할 수 있다.

코드 생성 및 디버깅 과제는 명확한 요구 사항과 단계별 작성이 중요하다. 기능 명세, 테스트 케이스, 기존 코드 맥락 제공, 오류 기반 요청을 통해 정확한 코드 출력을 유도한다.

데이터 분석 및 시각화는 분석 목적을 명확히 하고, 방법론, 시각화 목표를 구체화하며, 분석 결과를 실행 가능한 인사이트로 연결하는 것이 핵심이다.

다중 작업 통합에서는 정보 수집 → 분석 → 전략화의 흐름을 순차적 또는 병렬로 연결하고, 피드백에 따라 유연하게 조정되는 구조를 통해 복잡한 문제를 통합적으로 해결할 수 있다.

이러한 전략은 AI 프롬프트 설계의 실전 적용력을 높이며, 기본 패턴과 반복 개선 기법을 바탕으로 전문적인 활용 능력을 갖추는 데 기여한다.

참고문헌

Reynolds, L. & McDonell, K.(2021.2.15). Prompt programming for large language models: Beyond the few-shot paradigm. *ArXiv,* https://arxiv.org/abs/2102.07350

Zhou, D. et al.(2022.5.21). Least-to-Most Prompting Enables Complex Reasoning in Large Language Models. *ArXiv,* https://arxiv.org/abs/2205.10625

05
고급 프롬프트 구조

연쇄 사고 유도 프롬프트와 몇 가지 예를 통한 학습 방법을 소개한다. 시스템 메시지와 사용자 메시지를 분리하는 방법, 구조화된 출력 형식의 중요성, 온도 및 샘플링 제어를 통해 고급 프롬프트 구조를 이해할 수 있도록 돕는다.

AI와 아이돌?

프롬프트 엔지니어링 역량의 확장

앞 장에서 언어 모델의 기본 작동 원리와 효과적인 프롬프트 작성법, 반복 개선 및 작업 유형별 전략을 다뤘다면, 이 장에서는 복잡한 작업을 정교하게 처리하기 위한 고급 프롬프트 구조를 소개한다. 이 구조들은 생성물의 정확성, 일관성, 복잡도 처리를 한층 강화해 준다.

연쇄 사고 유도

문제를 단계별로 사고하며 해결 과정을 명시하도록 유도하는 기법으로 모델의 추론 흐름을 '보이게' 함으로써 정확성과 신뢰도를 높인다. 주요 사용 시점은 다음과 같다.

- 수학 계산, 논리 추론, 복잡한 결정, 분석 과제.
- 단순 정답보다 '왜'와 '어떻게'가 중요한 경우.

다음과 같은 방법을 통해 사용된다.

- 단순형: "3x + 7 = 4x - 5에서 x 값을 구하라." → "단계별로 사고 과정을 보여 주며 x 값을 구하라."
- 명시적 단계 유도: 사업성 평가를 위한 매출 · 비용 · 수

익률 · 투자 회수 기간 · 종합 판단 순서 지정.

• 단계별 고려 요소 제공: IT 아웃소싱 여부를 인건비, 장비비, 전환비용 등 기준으로 단계별 분석.

• 자기 검증 포함: 확률 문제를 두 가지 방식으로 풀고 교차 검증해 오류 탐지.

• 역방향 추론: 목표 수익을 전제로 조건을 역산해 실제 달성 가능성 평가.

소수 예시 학습

소수 예시 학습(Few-Shot Learning)은 작업 예시(input-output 쌍)를 몇 개 제시해 모델이 패턴을 학습하고 유사한 방식으로 문제를 해결하도록 유도하는 기법이다. 규칙을 설명하는 대신, '보여 주는 방식'으로 학습 효과를 유도한다. 주요 사용 시점은 다음과 같다.

- 패턴이 명확하나 언어로 설명하기 어려울 때.
- 동일 형식의 항목을 반복 생성해야 할 때.
- 출력 형식이나 스타일이 정해져 있을 때.
- 모델이 기본 응답에서 원하는 수준을 벗어날 때.
- 규칙보다 사례가 효과적인 경우.

다음과 같은 방법을 통해 사용된다.

- 단순형: 입력-출력 쌍을 2~3개 제공 → 이후 유사한 입력에 대한 응답 유도.
- 다양한 예시 제공: 서술, 형식, 난이도 측면에서 다양한 예시 포함.
- 점진적 복잡도: 간단한 예시 → 복잡한 예시 순서대로 제시.
- 주석 포함: 각 예시 아래 설명을 추가해 '왜 그렇게 작성했는지' 명확히 제시.
- 맥락 기반 예시: 각 입력 상황에 대한 배경 설명 포함.
- 대조 예시: 좋은 예와 나쁜 예를 나란히 제시.
- 메타 예시: 예시 그 자체를 설명하는 예시 제공.

시스템/사용자 메시지 분리

현대 언어 모델은 메시지의 유형을 구분해 대화를 구성할 수 있으며, 시스템(system) 메시지는 모델의 전체 행동 지침을, 유저(user) 메시지는 사용자 요청을 담는다. 이 분리를 효과적으로 활용하면 보다 일관되고 정확한 응답을 유도할 수 있다. 메시지의 유형은 세 가지로 나뉜다.

• 시스템 메시지(System Messages): 모델이 대화 내내 따라야 할 규칙, 역할, 제약 조건 등을 명시.

• 유저 메시지(User Messages): 사용자의 구체적인 질문이나 요청.

• 어시스턴트 메시지(Assistant Messages): 모델이 생성한 응답 (사용자가 지정하지 않음).

시스템/사용자 메시지 분리 프롬프트의 주요 사용 시점은 다음과 같다.

• 일관된 규칙과 행동 지침을 유지하고자 할 때.
• 모델에 특정 역할 또는 인격을 부여하고자 할 때.
• 배경 정보를 한 번만 제시하고 싶을 때.
• 모든 응답에 공통 적용될 제약이 필요할 때.
• 챗봇, 튜터, 평가자 등 특화된 기능이 필요한 응용 프로그램 개발 시.

다음과 같은 방법을 통해 사용된다.

• 계층형 시스템 지침: 지식, 상호작용 방식, 제한 조건을 계층적으로 구조화.

• 해석 프레임워크 설정: 사용자 요청에 대한 분석 시 특정 시각을 미리 설정.

• 절차 기반 응답 설계: 요청 유형에 따라 처리 절차를 고정.

다음은 시스템 메시지와 사용자 메시지의 예시다.

• 시스템 메시지 예시 : "당신은 은퇴 재정 계획 전문 상담가입니다. 언제나 전문 용어 없이 쉽게 설명하고, 투자 옵션은 장단점 모두를 제시하세요. 특정 펀드나 종목은 추천하지 마세요. 은퇴 이외의 질문은 정중히 해당 분야로 유도하십시오."

• 사용자 메시지 예시: "42세이고, 자녀 대학 자금과 제 은퇴 자금 사이의 우선순위를 고민 중입니다. 401(k)에 12만 불, 529 대학 자금에 두 아이(12세, 14세) 이름으로 총 4만 불이 있습니다."

구조화된 출력 형식화

AI 모델이 응답을 정해진 형식이나 구조에 따라 작성하도록 요청하는 기법으로, 일관된 결과, 기계 해석 가능성, 명확한 정보 구성이 필요한 작업에 적합하다. 주요 사용 시점은 다음과 같다.

- 결과를 코드로 처리하거나 자동화하려 할 때.
- 보고서, 시스템 등에 응답을 통합할 때.
- 여러 응답 간 형식을 통일시켜야 할 때.
- 정보를 구조적으로 제시해야 할 때.
- 복잡한 정보를 명확하게 구분해야 할 때.

다음과 같은 방법을 통해 사용된다.

- 형식 명시: 응답이 따르기를 원하는 구체적 출력 형식을 텍스트로 지정.
- 템플릿 제공: 부분적으로 빈칸이 있는 출력 양식을 제공해 AI가 채우도록 함.
- 예시 기반 형식화: 다른 콘텐츠를 대상으로 한 예시를 먼저 제시한 뒤, 새 데이터를 요청.
- 중첩된 계층 구조: 복잡한 정보를 다룰 때 1.1, 1.1.1과 같은 다단계 구조 지정.
- 조건부 섹션: 특정 조건일 때만 나타나는 선택적 항목을 포함.
- 구조화된 데이터 형식: 응답을 JSON 등 기계가 파싱 가

능한 형식으로 출력.

- 다중 형식 요청: 동일한 정보를 다양한 형식으로 요청.

온도 조절 및 샘플링 제어

온도(Temperature) 조절과 샘플링 제어(Sampling Control)는 언어 모델의 텍스트 생성 방식(창의성, 무작위성, 다양성)에 영향을 주는 주요 파라미터다. 이들을 조정하면 정확성, 창의성, 다양성 간 균형을 최적화할 수 있다. 주요 사용 시점은 다음과 같다.

- 더 다양한 결과가 필요할 때.
- 일관성 있는 결과가 필요할 때.
- 반복 문제를 줄이고 싶을 때.
- 정확성과 창의성 간 균형을 맞추고 싶을 때.
- 창의적 콘텐츠(스토리, 시 등)를 만들 때.
- 사실 기반 콘텐츠를 작성할 때.

온도 범위 내에서 최적의 용도는 다음과 같다.

- 0.1~0.3: 사실 기반 답변, 기술 문서, 논리 분석.
- 0.4~0.7: 일반 작문, 교육 콘텐츠, 블로그 글쓰기.

- 0.8~1.0+: 창의적 글쓰기, 아이디어 발상, 스토리텔링.

온도 조절 및 샘플링 제어 활용법은 다음과 같다.

- 다중 온도 생성: 창의성 높은 아이디어 생성(0.9) → 논리적 검토(0.3) → 창의성 유지한 수정(0.6) → 구조적 평가(0.2) 순으로 진행.
- 파트별 온도 지정: 제품 매뉴얼 작성 시, 제품 스펙(0.1), 문제 해결 가이드(0.3), 시작 가이드(0.6), 창의적 사용법(0.8).
- 실험적 온도 변형: 문제를 여러 온도로 분석해 고정 관념을 깨는 통찰 확보(0.1) → 일반적 분석(0.7) → 다양한 원인 탐색(1.0) → 비정형 창의적 가설 도출.

고급 프롬프트 구조 통합

최고 수준의 프롬프트 설계는 여러 고급 구조를 조합해 사용하는 데서 나온다. 효과적인 조합 방식을 이해하면 복잡한 과제도 정확하고 유연하게 처리할 수 있다. 효과적인 구조 조합 방법은 다음과 같다.

- 연쇄 사고 유도 + 소수 예시 학습: 단계별 사고 + 예시 기

반 학습 유도.

• 구조화 출력 + 시스템/사용자 분리: 일관된 구조 유지 + 다양한 요청 대응.

• 온도 제어 + 연쇄 사고 유도: 창의성과 정확성 균형 잡힌 분석.

• 복합 통합: 정밀하고 신뢰성 높은 복합 과제 해결.

예시는 다음과 같다.

• 연쇄 사고 유도 + 소수 예시 학습: 단계별 사고 과정을 예시로 제공하고, 유사한 문제 해결을 유도.

예시: 배 · 물살 속도 계산 → 단계별 해설.

혼합 용액 문제 → 유사 구조로 풀이 요청.

• 구조화된 출력 + 시스템/사용자 분리: 시스템 메시지로 응답 형식을 고정하고, 사용자 질문을 다양하게 받음.

예시: 기술 문서 작성 전문 AI 설정, 응답은 "개념 설명 → 핵심 요소 → 실제 적용법 → 주의 사항 → 추가 학습 자료" 순서로 작성.

• 온도 제어 + 연쇄 사고 유도: 사고 단계별로 창의성/정확성을 조정해 다양한 시각 확보.

예시: 주4일제 도입 분석하라: 초기 아이디어 발산(T=0.8),

비판적 분석(T=0.3), 실행 방안 구상(T=0.5), 최종 권고안 작성(T=0.2).

주요 내용

복잡한 작업을 정밀하게 처리하기 위한 고급 프롬프트 설계 기법들을 다뤘다. 각 기법의 핵심은 다음과 같다.

- 연쇄 사고 유도: 문제를 단계별로 사고하게 해, 모델의 추론 과정을 명시적으로 보여 주며, 복잡한 문제 해결, 논리적 판단에 유리.
- 소수 예시 학습: 몇 가지 예시를 통해 패턴을 학습시키고 유사한 결과 도출 유도하며, 형식 일관성이나 미묘한 규칙이 중요한 작업에 적합.
- 시스템/사용자 메시지 분리: 시스템 메시지로 지속적 지침/역할/톤을 설정하고 사용자 메시지로 개별 요청을 수행해 일관된 응답 확보.
- 구조화된 출력 형식화: 출력 내용을 지정된 형식, 섹션, 템플릿에 맞게 구성하며, 보고서, 분석 결과, 머신 리더블 데이터 등에서 유용
- 온도 및 샘플링 제어: 온도 값을 조정해 창의성과 결정성 간의 균형 설정.

낮은 온도: 정확성/논리성

중간 온도: 정보 전달/일반 콘텐츠.

높은 온도: 창의성/아이디어 도출.

- 복합 구조 조합: 여러 고급 기법을 조합해 복합적인 작업에 최적화, 예: CoT + Few-shot, 구조화 출력 + 시스템 메시지 등.

이러한 고급 기법들은 앞서 다룬 기본 원칙과 프롬프트 패턴을 기반으로 해, 보다 정교하고 유연한 설계를 가능하게 해 준다.

참고문헌

Brown, T. et al.(2020.5.28). Language models are few-shot learners. *ArXiv,* https://arxiv.org/abs/2005.14165

Reynolds, L. & McDonell, K.(2021.2.15). Prompt programming for large language models: Beyond the few-shot paradigm. *ArXiv,* https://arxiv.org/abs/2102.07350

Zhou, D. et al.(2022.5.21). Least-to-Most prompting enables complex reasoning in language models. *ArXiv,* https://arxiv.org/abs/2205.10625

06

실용적인 응용을 위한 프롬프트 엔지니어링

글쓰기 지원, 브레인스토밍, 콘텐츠 확장 및 변형, 회의 준비 및 요약, 이메일 및 커뮤니케이션 초안 작성, 학습 및 연구 등 콘텐츠 생성에 유용한 프롬프트 기술을 다룬다. 독자가 창의적인 작업을 수행하는 데 필요한 도구를 제공한다.

AI와 야구?

콘텐츠 생성을 위한 프롬프트 엔지니어링

AI는 다양한 콘텐츠 작성 작업에서 창의성과 생산성을 높이는 강력한 도구로 활용될 수 있다. 콘텐츠 생성 작업을 다섯 가지 범주로 나누고, 각 범주에 적합한 프롬프트 설계 전략을 제시한다.

- 글쓰기 보조 및 편집: 구조 개선, 내용 보강, 설득력 강화, 문장 간결화, 일관성 점검 등 글의 품질 향상을 위한 프롬프트 유형, 세부 항목에 따라 구조 분석, 누락 탐지, 반론 대응, 전환문 개선 등을 세분화해 요청.
  예시 프롬프트: "이 글에서 주장 흐름이 자연스러운지 확인하라. 도입-전개-결론 구조와 단락 간 연결성에 중점을 두어 조언하라."

- 아이디어 브레인스토밍: 양 중심(다량의 아이디어 생성) 또는 질 중심(심화 및 반복 개선) 전략, 제약 조건 부여, 관점 전환, 단계별 구체화 방식 등으로 창의적 사고 유도.
  예시 프롬프트: "지역 커뮤니티 활성화를 위한 행사 아이디어를 10가지 제시하라. 각 아이디어에 제목과 한 문장 설명을 포함하라."

• 콘텐츠 확장 및 변형: 간단한 초안이나 개요를 계층적으로 확장하거나, 대상 · 형식 · 톤에 맞게 재작성, 멀티모달 콘텐츠 구성(문서+FAQ+체크리스트 등)까지 포함해 완성도 향상.
예시 프롬프트: "이 100자 요약을 고등학생이 이해할 수 있도록 500자 분량으로 확장하라. 예시와 쉬운 표현을 포함하라."

• 스타일 및 톤 조절: 작가/장르/시대 스타일 모방, 형식별 변환, 톤 정밀 조절(예시 기반, 스케일 기반), 브랜드 일관성, 대상 맞춤형 커뮤니케이션, 감정 조절 등을 정밀하게 설정.
예시 프롬프트: "다음 안내문을 친근하지만 전문적인 어조로 다시 작성하라. 고객에게 신뢰를 주되 너무 딱딱하지 않게 작성하라."

• 일관된 콘텐츠 시리즈 생성: 시리즈 구조 설계, 콘텐츠 매트릭스 구성, 템플릿+변수 전략, 콘텐츠 간 연결성 확보, 다양한 채널과 형식으로의 확장도 포함해 콘텐츠 운영의 연속성과 확장성 확보.
예시 프롬프트: "'리더십 스킬 향상'이라는 주제로 다섯 편짜

리 이메일 시리즈 구성을 작성하라. 각 편의 주제, 내용 흐름, 실습 과제를 포함하라."

학습 및 연구를 위한 프롬프트 엔지니어링

AI 언어 모델은 학습과 연구 도구로 활용할 수 있다. 학습자, 연구자, 교사 모두에게 적용 가능한 프롬프트 설계법을 다루며, 다음 다섯 가지 핵심 영역별로 설명한다.

- 개인 맞춤형 학습 자료 생성: AI를 활용해 학습자 수준과 스타일에 맞는 콘텐츠를 제작한다.

- 진행형 학습 경로 생성: "파이선 데이터 시각화를 8주간 배우는 커리큘럼을 만들어라."

- 지식 격차 분석: "SN1/SN2 반응을 잘 이해하지 못하겠어요. 관련 기초 개념부터 어떤 부분이 부족한지 알려 주세요."

- 멀티모달 학습 설계: "재정 정책과 통화 정책을 시각, 청각, 실습 방식으로 학습할 수 있는 계획을 세워라."

- 맞춤형 학습 자료 제작: 연습 문제, 개념 지도, 비유적 설명 등을 AI가 생성하도록 유도한다.

- 개인화된 연습 문제: 부분 적분과 삼각대입 적분에 대한

연습 문제 12개를 난이도별로 제시하라."

- 개념 연결 지도: "진화생물학의 주요 개념(자연 선택, 유전자 흐름 등) 간의 관계를 시각적 지도로 나타내라."
- 비유 중심 개념 설명: "양자 컴퓨팅의 주요 개념을 비유를 통해 직관적으로 설명하라."

• 적응형 학습 경로 설계: 학습자의 성취도에 따라 진도를 조절하는 방식이다.

- 마스터리 기반 시퀀스: "스페인어 동사 변화 학습에 대해 진도에 따라 난이도를 조정하는 학습 경로를 설계하라."
- 설명 깊이 조절: "적응 면역 반응을 개요 → 세부 설명 → 심화 설명으로 계층화된 구조로 설명하라."
- 문제 해결 가이드 스캐폴딩: "가설 검정 방법 선택을 도와주는 결정 나무 및 단계별 연습 문제를 난이도별로 만들어라."

• 연구 보조 및 문헌 검토: 연구 주제 정제, 문헌 정리, 가설 생성, 비교 분석 등의 작업을 지원한다.

- 연구 질문 정제: "청소년 정신 건강과 소셜 미디어의 관계라는 너무 넓은 주제를 구체화하라."
- 학제 간 프레임 구성: "도시 교통의 미래를 다양한 학문

(환경, 공중 보건 등) 관점에서 조명하는 연구 구조를 작성하라."

- 가설 생성 및 분류: "재택근무 정책이 직원 유지율에 미치는 영향을 측정하기 위한 가설을 생성하라."
- 문헌 주제별 정리: "의료 기술 도입과 관련된 논문들을 주제별로 정리할 수 있는 틀을 구성하라."
- 비교 분석 프레임 구성: "직원 몰입도 측정 도구를 이론, 측정 방식, 실용성 등 기준으로 비교하라."

• 다양한 난이도의 개념 설명: 복잡한 개념을 학습자 수준에 맞춰 조정하거나 점진적으로 심화하는 전략이다.

- 점진적 난이도 설명: "블록체인을 초등생~대학원생까지 5단계 난이도로 설명하라."
- 대상 맞춤형 설명: "후생유전학을 고등학생, 의대생, 환자 각각의 수준에 맞게 설명하라."
- 개념 깊이 계층화: "인플레이션 개념을 5단계로 나누어, 표면 → 기제 → 이론 → 시스템적 상호작용 → 학파별 관점으로 설명하라."

• 오해 해소 및 이해 촉진.

- 오해 바로잡기: "자연 선택 개념을 정확하게 설명하고 흔

한 오해(ex. '진화는 노력의 결과')를 반박하라."

- 질문 기반 개념 탐색: "인지 편향 개념을 소크라테스식 질문으로 점점 깊게 탐색하도록 도와라."

- 개념 경계 명확화: "AI 개념의 정의 범위와 논쟁 지점을 명확히 하고, 사례를 통해 설명하라."

생산성 향상을 위한 프롬프트 엔지니어링

반복 업무를 줄이고, 프로젝트를 체계적으로 계획하며, 커뮤니케이션을 효율화하는 데 AI를 어떻게 활용할 수 있는지 다각도로 살펴본다. 다섯 가지 핵심 활용 분야는 다음과 같다.

• 작업 분해 및 계획 수립: AI 프롬프트를 활용하면 복잡한 프로젝트를 명확하게 구조화하고 실행 가능한 단계로 나눌 수 있다. 주요 기법은 다음과 같다.

- 계층적 프로젝트 분해: 프로젝트를 상위 단계 → 세부 구성요소 → 구체 작업으로 분해해 단계별 산출물, 작업량, 의존성, 관련 이해관계까지 명시.

- 작업 분류 체계: 프로젝트를 100% 규칙에 따라 정형화된 구조로 세분화하며, 각 작업에 대해 고유 번호, 소요 시간, 담당 역할 등의 기준으로 구성.

- 애자일 사용자 스토리 맵: 사용자 여정을 따라 MVP → 후속 기능 순으로 수직 정렬하며, 각 스토리에 대해 사용자 관점의 목표와 수용 기준 정의.

• 의사 결정 프레임워크: 중요한 결정을 내릴 때, 프롬프트를 통해 체계적인 분석과 선택 구조를 설계할 수 있다. 주요 기법은 다음과 같다.

- 가중치 결정 행렬: 평가 기준 설정 → 중요도 가중치 → 옵션별 점수 → 총합 비교.
- 장단점 분석의 고도화: 객관/주관, 단기/장기, 확실/불확실 요인별로 구조화된 장단점 분석.
- 시나리오 플래닝: 최선/일반/최악 시나리오 등 가능한 미래를 가정하고 각 경우의 전략 설계.
- 의사 결정 나무: 초기 선택지 → 결과 → 다음 선택지의 경로를 시각화하며 리스크 및 기회 평가.
- 프리모텀(Pre-Mortem) 분석: 실패했다고 가정하고, 그 원인과 대응책을 사전에 설계.

• 회의 준비 및 요약: AI는 회의의 효율성을 높이기 위해 철저한 사전 준비와 체계적인 사후 정리를 지원한다. 주요 기법은 다음과 같다.

- 전략적 어젠다 생성: 리뷰 → 토론 → 의사 결정 → 액션 플랜(Action Plan) 순의 구조로 항목마다 목적, 질문, 예상 결과, 진행 방식 포함.
- 브리핑 문서 설계: 회의 참가자 프로필, 기대 결과, 질문 목록, 정보 요약을 사전에 준비.
- 구조화된 토론 프레임워크: 민감한 주제를 다룰 때 객관성과 감정을 균형 있게 반영.
- 회의 요약 정리: 핵심 결정 사항, 실행 항목, 담당자, 미해결 이슈 등을 문서화.
- 실행 항목 추적 시스템: 할당된 작업 추적, 리마인더, 상태 관리, 책임 명확화 시스템 구축.

• 이메일 및 커뮤니케이션 작성: AI 프롬프트를 활용하면 상황에 맞는 전문적인 이메일과 메시지를 빠르고 정확하게 작성할 수 있다. 주요 기법은 다음과 같다.
- 상황별 템플릿 생성: 협업 제안을 거절하는 정중한 이메일, 문제 해결 이메일 등의 상황별 템플릿 생성 가능.
- 어조 및 스타일 최적화: 대상별(고객, 경영진, 내부 팀)로 적절한 형식, 문체, 언어 선택.
- 복잡한 메시지 구조화: 민감한 변경 사항을 투명하면서도 신뢰를 유지하며 전달.

- 명료성 및 간결성 향상: 중복 제거, 능동형 전환, 핵심 요점 강조를 통해 메시지를 압축.
- 설득력 강화 메시지 설계: 청중 분석, 논리 구조화, 신뢰 구축, 반론 대응, 행동 유도 포함.

• 워크플로 최적화: 업무 프로세스를 분석하고 개선하기 위한 프롬프트를 통해 반복 작업과 병목을 제거할 수 있다. 주요 기법은 다음과 같다.
- 프로세스 분석 및 개선: 현재 상태 → 병목 요소 → 개선안 설계(예: 고객 온보딩 간소화).
- 표준 작업 절차(SOP) 문서화: 역할, 단계, 도구, 예외 처리, 품질 기준 등을 포함한 절차 설계.
- 자동화 기회 식별: 반복성, 시간 소비, 오류 가능성이 높은 업무를 AI 또는 툴로 자동화.
- 업무 위임 시스템 설계: 무엇을, 누구에게, 어떻게 위임할지 판단하는 프레임워크 제공.
- 업무 우선순위화 및 분류 시스템: 전략적 중요도, 시급성, 영향도 기반의 작업 분류 및 일정 배분.

주요 내용

AI는 창의적인 콘텐츠 작성을 보조하는 데 효과적으로

활용될 수 있으며, 다음과 같은 다섯 가지 전략적 영역으로 구분된다.

- 글쓰기 보조: 문장 및 내용 개선, 설득력 강화.
- 아이디어 브레인스토밍: 아이디어 생성 및 심화.
- 콘텐츠 확장 · 변형: 다양한 형식으로 재작성.
- 스타일 · 톤 조절: 대상 맞춤형 어조, 작가 스타일 모방 등.
- 시리즈 콘텐츠 제작: 일관된 구성과 확장 가능한 시리즈 설계.

AI는 맞춤형 학습과 연구 보조 도구로 활용되며, 다음과 같은 주요 영역에서 활용된다.

- 개인화된 학습 콘텐츠: 수준별 커리큘럼, 멀티모달 학습 설계.
- 연습 문제 · 개념 지도 생성: 난이도 조절된 문제, 시각적 개념 연결.
- 적응형 학습 경로: 성취도 기반 학습 설계.
- 연구 보조: 연구 주제 정제, 가설 생성, 문헌 분류 · 비교.
- 개념 설명 조정: 학습 수준에 맞춘 단계별 설명과 오해

해소.

AI는 반복 업무를 줄이고 의사 결정, 회의, 커뮤니케이션, 워크플로를 개선하는 데 효과적으로 활용될 수 있다.

- 작업 분해, 계획: 프로젝트 구조화 및 역할 분담.
- 의사 결정 지원: 장단점 분석, 의사결정 나무, 시나리오 설계.
- 회의 준비 및 요약: 어젠다 작성, 회의록 정리, 실행 항목 추적.
- 이메일 및 커뮤니케이션: 상황별 템플릿, 어조 조정, 메시지 간결화.
- 워크플로 개선: 프로세스 분석, 자동화 기회 탐색, 업무 위임 체계 구축.

참고문헌

Knoth, N. et al.(2024.6). AI literacy and its implications for prompt engineering strategies. *Computers and education: Artificial intelligence,* 6(2), https://www.researchgate.net/publication/380036240_AI_literacy_and_its_implications_for_prompt_engineering_strate gies

White, J. et al.(2023.2.21). A prompt pattern catalog to enhance prompt engineering with ChatGPT. *ArXiv*, https://arxiv.org/abs/2302.11382

07
프롬프트 실패 이해하기

바람직하지 않은 출력의 일반적인 원인과 프롬프트 문제 분석 및 진단 방법을 설명한다. 모델의 한계를 이해하고, 편향 및 원치 않는 콘텐츠를 다루는 방법, 불량 응답에서 회복하기 위한 전략을 제시한다.

AI와 윤동주?

흔한 프롬프트 실패 원인

프롬프트가 원하는 결과를 생성하지 못하는 데에는 여러 원인이 있을 수 있다. 이를 유형별로 나누어 살펴보면 다음과 같다.

- 모호함과 불명확성: 단어나 문장이 다의적이거나 너무 추상적일 경우 모델이 잘못 해석할 수 있음.
  - 어휘적 모호성: "은행에 대해 설명하라." (금융 기관? 음식? 혈액은행?)
  - 구조적 모호성: "탄소 배출이 많은 개발도상국의 기업에 대한 정책 분석." (배출 주체가 국가인가 기업인가?)
  - 범위 모호성: "머신 러닝을 설명하라." (간단 개요? 수학적 설명?)
  - 의도 모호성: "글을 리뷰하라." (요약? 비판?)

- 제약 조건 부족: 출력에 대한 방향성이 없어 너무 일반적이거나 엉뚱한 답변이 나올 수 있음.

- 상충되거나 불일치한 요구: 명령이 서로 모순되거나 우선순위가 명확하지 않음.

• 지나치게 복잡한 요청: 한 번에 너무 많은 요구를 하면 모델이 일부만 수행하거나 논리 흐름이 깨질 수 있음.

• 모델 한계 무시: 최신 정보, 복잡한 수학 계산, 전문가 수준의 지식 등을 요구할 경우 부정확한 답변이 나올 수 있음.

프롬프트 실패 분석 프레임워크

프롬프트가 실패했을 때 다음의 5단계 분석을 통해 개선한다.

• 차이 정의:

- 누락 여부 확인: 요청한 내용을 빠뜨렸는가?
- 적합성 확인: 의도와 주제를 잘 반영했는가?
- 사실 오류 유무: 정확한 정보를 담았는가?
- 형식 일치 여부: 요구한 형식과 일치하는가?
- 어조 적절성: 청중과 목적에 맞는 어조인가?
- 깊이 수준 확인: 너무 얕거나 깊지 않았는가?

• 프롬프트 분석:

- 지시의 명확성.
- 구체성 여부.

- 모순된 표현 존재 여부.
- 과도한 복잡성.
- 모델 능력 초과 여부.
- 문맥 및 배경 정보 부족 여부.
- 출력 형식 및 제약 조건 명시 여부.

• 실패 유형 분류:
- 일부 응답만 포함(복잡성 또는 다중 요청 때문).
- 의도 오해(맥락 부족 또는 애매한 요청 때문).
- 오류 또는 환각(지식 부족 또는 잘못된 참조).
- 형식 무시(요구 사항 강조 부족 또는 상충 때문).
- 무난한 일반 응답(제약 또는 기준 미설정 때문).

• 개선 가설 설정:
- 요청 분할.
- 핵심 용어 정의.
- 대상 및 목적 명시.
- 구조적 지시 강화.

• 수정 후 재실험:
- 요소별 변경을 순차적으로 적용.

- 개선 전후 응답 비교 및 기록.
- 개선된 프롬프트 반복 적용 후 최종화.

모델 한계 대응 전략

모델 지식 범위 한계: GPT 같은 언어 모델은 학습 시점 이전의 정보만 알고 있으며, 최신 이슈에는 대응하지 못할 수 있다. 대응 전략은 다음과 같다.

- 최신 정보 삽입: "2023년 말 한국 정부는 「디지털 플랫폼 정부특별법」을 통과시켰다. 이 제도가 공공 데이터에 미칠 영향은 무엇인가?"
- 원리 중심 요청: "최근 마케팅 트렌드 대신, 변하지 않는 소비자 심리 기반 전략을 알려 달라."

논리적 · 수학적 추론 한계: 모델은 복잡한 수식 계산, 단계별 증명, 논리 회로 설계 등에서 오류를 범할 수 있다. 대응 전략은 다음과 같다.

- 단계 분해: "먼저 이 함수의 미분 가능성 여부를 판단하라. 그다음 극한값을 구하라."
- 중간 결과 확인: 모델이 작성한 중간 논리를 사용자가 검

토.

- 외부 툴 보완: 엑셀, 파이선 등과 연동해 수행.

문맥 유지 한계: 모델은 일정 길이 이상의 대화에서는 앞 내용을 잊거나 부정확하게 기억할 수 있다. 대응 전략은 다음과 같다.

- 핵심 요약 반복: 긴 대화에서 "지금까지 요약: 1) 목표는 OO, 2) 제약은 XX. 이어서 진행하자."
- 명확한 연결어 사용: "앞에서 언급한 두 번째 전략을 중심으로 더 구체화해 줘."

일관성 부족 문제: 긴 텍스트나 복잡한 구성에서는 어조, 용어, 논리가 불일치할 수 있다. 대응 전략은 다음과 같다.

- 분석 프레임 고정: "다음 세 기준(비용, 효과, 안정성)에 따라 평가하라."
- 일관성 요청 삽입: "결론에서 초반 주장과 모순되지 않도록 점검하며 작성하라."

편향 및 부적절한 콘텐츠 대응

AI 모델은 훈련 데이터로부터 다양한 사회적 편향이나 부정확한 정보를 학습할 수 있으며, 결과적으로 바람직하지 않은 출력을 생성할 가능성이 존재한다. 이를 효과적으로 다루기 위한 전략이 필요하다.

- 편향 유형:

- 성별 · 인종 편향: 직업 예시에서 "의사는 남성, 간호사는 여성" 같은 고정 관념 반영.
- 문화적 편향: 미국, 유럽 중심 사례만 반복 제시.
- 현상 유지 편향: 기존 제도나 방식이 우수하다고 가정.
- 근접 시점 편향: 최근 인기 있는 주제를 과도하게 반영.

- 부적절한 콘텐츠 유형:

- 사실 오류: 잘못된 연도, 인용, 정의 포함.
- 불균형 정보: 단점 생략, 찬반 균형 없는 주장.
- 부적절한 수준: 초등학생에게 고급 용어 사용.
- 위험성 있는 조언: 의료 · 법률적 조언에서 부정확하거나 누락된 정보.

- 대응 전략:

- 균형 요청: "장단점을 모두 고려하라", "찬반 관점을 모두 설명하라."

- 다양성 명시: "예시에서 성별 · 연령 · 문화적 배경을 다양하게 포함하라."

- 가정 확인 요청: "권고에 포함된 전제 조건을 명시하고 설명하라."

- 팩트 기반 강조: "과학적 근거에 기반한 내용을 우선 제시하고, 가설적 주장은 따로 구분하라."

• 사후 검토 및 수정

- 비판적 리뷰: 응답 중 오류, 왜곡, 누락을 검토.

- 명시적 재요청: "이 응답은 서구 중심적이니, 아시아 사례도 포함하라."

- 가정 명확화 유도: "추천 이유를 구체적 근거와 함께 설명하라."

- 출처 교차 확인: 중요한 사실은 외부 출처로 교차 검증.

부적절한 응답에서 회복하는 전략

프롬프트를 수정해도 기대한 결과가 나오지 않을 수 있다. 이럴 때는 유용한 회복 전략을 통해 대화를 이어 가고 원하는 출력을 얻을 수 있다.

• 오류 지적 및 재요청: "이 응답은 너무 이론 중심이다. 실제 적용 예시를 포함해서 단계별로 다시 설명하라."

• 조건 명시 강화: "이번에는 예산 500만 원, 3개월 이내라는 조건을 반영해서 다시 제안하라."

• 의도 재정의: "사실 내가 궁금한 건 경쟁사보다 고객이 우리 제품을 선택할 이유다. 그 관점에서 분석 프레임을 제시하라."

• 요청 분해: "일단 머신 러닝 개념부터 초등학생 수준으로 간단히 설명하라. 다음엔 마케팅 적용 사례를 물어볼 예정이다."

• 예시 기반 재요청: "이전 전략 안은 너무 일반적이다. 아래 예시처럼 구체적인 형식으로 바꾸어라. [예시 삽입]."

• 반복적 대화 구조 활용: 초기 질문: "팀 커뮤니케이션을 개선하기 위한 방법을 설명하라."

1차 응답 후 맥락 추가: "우리는 원격 개발 팀이고, 시간대가 다르다. 이걸 고려해서 설명하라."

구체 문제 제시: "기술 지식 공유가 어렵기 때문에 비동기식 공유 툴이나 프로세스를 제안하라."

• 대체적 프레임 재구성: 역할 전환: "당신이 애자일 경험 많은 PM이라면 이 일정을 어떻게 조정할지 말하라."

출력 형식 전환: "설명문 대신 결정 매트릭스로 정리하라."

유추 기반 표현 요청: "이 전략을 요리법처럼 구성하라. 재료, 양, 순서를 명확히 하라."

주요 내용

AI 언어 모델을 활용할 때, 설계한 프롬프트가 기대한 출력 결과를 내지 못하는 경우가 종종 발생한다. 이러한 실패 상황을 효과적으로 해결하기 위해서는 단순히 다시 질문하는 것보다, 그 원인을 분석하고 체계적으로 개선하는 접근이 필요하다.

프롬프트 실패의 대표적인 원인은 모호함과 불명확성이다. 예를 들어 "은행에 대해 설명하라"는 요청은 '은행'이 금융 기관, 음식, 혈액은행 등으로 해석될 수 있어 정확한 응답을 이끌어 내기 어렵다. 또한 길이, 어조, 대상 독자, 출력 형식 등의 조건이 제시되지 않은 경우, 모델은 과도하게 일반적이거나 의도와 어긋난 응답을 생성할 수 있다. 상충되거나 모순된 지시, 예를 들어 "간결하면서도 상세하게 작성하라" 같은 표현도 모델을 혼란스럽게 만든다. 한 번에 지나치게 많은 요청을 하거나, 최신 정보나 고난도 계산을 요구하는 것도 모델의 한계를 벗어나기 쉬운 방식이다.

이러한 실패에 대응하기 위해서는 먼저 출력 결과와

기대 사이의 차이를 정의해야 한다. 누락된 정보, 잘못된 형식, 사실 오류, 어조나 깊이의 부적절성을 판단한 후, 프롬프트 자체를 점검한다. 이 과정에서는 지시가 명확했는지, 구체적인 조건이 제시되었는지, 모델의 능력과 요청이 맞았는지를 확인해야 한다. 그다음, 실패 유형을 분류하고, 요청을 분할하거나 예시를 추가하는 등의 개선 가설을 세운 뒤, 순차적으로 적용하며 응답을 비교하고 반복적으로 수정한다.

모델의 고유한 한계를 이해하는 것도 중요하다. 예를 들어, GPT는 최신 정보를 알지 못하므로, 질문에 필요한 최신 사실은 프롬프트에 함께 제공하는 것이 바람직하다. 논리적 추론이나 계산이 필요한 경우에는 단계를 나누어 요청하거나, 외부 도구와의 연계를 고려해야 한다. 또한 대화가 길어지면 문맥을 잊는 경우가 있어, 요약과 연결 문장을 적절히 활용해 문맥 유지력을 보완해야 한다.

더불어, AI 모델이 생성하는 편향된 내용이나 부정확한 정보에도 주의해야 한다. 성별이나 문화적 고정 관념이 반영된 표현, 근거 없는 주장, 청중 수준에 맞지 않는 어휘 사용 등이 대표적인 문제다. 이를 줄이기 위해서는 균형 잡힌 관점 요청, 다양한 사례 제시, 팩트 중심 응답 유도, 사후 검토 및 교정 등의 방법을 활용할 수 있다.

마지막으로, 프롬프트 수정에도 불구하고 원하는 결과가 나오지 않을 경우, 오류를 명확히 지적하고 조건을 재설정하는 등의 회복 전략이 유용하다. 요청을 여러 단계로 분해하거나, 예시를 직접 제시하는 방식, 역할을 바꾸어 질문하는 방식 등을 통해 대화의 방향을 조정할 수 있다.

이처럼 프롬프트 실패를 이해하고 대응하는 능력은 효과적인 AI 활용의 핵심 역량 중 하나이며, 이를 통해 더 신뢰할 수 있고 정밀한 출력을 유도할 수 있다.

참고문헌

Databricks(n.d.). Mastering prompt engineering for AI innovation, https://www.databricks.com/glossary/prompt-engineering

Johnson, K.(2021.6.17). The efforts to make text-based AI less racist and terrible, *Wired,* https://www.wired.com/story/efforts-make-text-ai-less-racist-terrible/

08

프롬프트 엔지니어링의 윤리적 고려 사항

책임감 있는 AI 사용, 개인정보 및 민감한 정보 보호, 조작 및 왜곡 피하기, 저작권 및 지적 재산권 문제 등을 다루며, 윤리적 AI 상호작용의 중요성을 강조한다. 독자가 윤리적 기준을 준수하며 AI를 활용할 수 있도록 안내한다.

AI와 한의학?

AI 상호작용을 위한 책임 있는 접근

프롬프트 엔지니어링은 AI의 출력을 설계하고 조절하는 강력한 수단이며, 그만큼 높은 수준의 윤리적 책임이 요구된다. 이 장에서는 프롬프트 설계 시 고려해야 할 윤리적 원칙을 다각도로 고찰하고, 실제 활용 시 적용 가능한 설계 기준과 사례를 중심으로 실천 전략을 제시한다.

책임성과 적절한 AI 활용

프롬프트는 단순한 텍스트 명령이 아니라, 사회적 영향을 유발할 수 있는 디지털 설계 도구다. 따라서 프롬프트 작성자는 출력이 미칠 수 있는 영향을 고려해 신중하게 접근해야 한다.

• 저위험 사례: 개인 창작, 아이디어 탐색, 교육용 실습, 오락적 활용 등은 실험적 접근이 허용된다.

- 예시: "내가 만든 세계관에서 발생할 수 있는 갈등 요소를 상상해 줘."

• 중위험 사례: 콘텐츠 제작, 정보 검색, 리서치 지원, 제품 개발 등은 정확성과 사실성 검토가 필수적이다.

- 예시: "스마트 팜 기술의 장단점을 비교 분석해 줘(자료 출처 포함)."

- 고위험 사례: 의료 조언, 법률 해석, 금융 분석, 사회적 약자 관련 콘텐츠 등은 인간 전문가의 판단, 검증, 제한된 사용이 필수적이다.

- 예시: "만 60세 고혈압 환자의 건강 관리 방안을 알려 줘."
→ 전문가 상담 권유 병행 필요.

책임 있는 설계를 위해 다음 세 가지 프레임워크를 고려할 수 있다.

- 영향 평가: 출력이 실제 사람에게 어떤 영향을 미칠 수 있는가? 오류 발생 시 피해가 있는가? 사전에 확인해야 한다.
- 적합성 검토: 해당 AI 모델이 해당 문제를 해결할 충분한 역량을 지녔는가? 전문가의 판단이 필요한 주제는 아닌가?
- 능력 강화 중심: 프롬프트는 사용자의 사고력과 판단력을 대체하는 도구가 아닌, 확장하는 도구가 되어야 한다.

개인정보 보호와 민감 정보 처리

AI 모델과의 상호작용에는 종종 민감 정보가 포함되며, 이는 프라이버시 침해 및 데이터 보안 문제로 이어질 수 있다.

• 직접 식별 정보: 이름, 생년월일, 주소, 연락처, 의료 기록, 금융 정보 등.

• 간접 노출 정보: 소수 특성 조합, 지역 기반 특이 정보, 상세 사례 설명 등.

• 기밀 정보: NDA 문서, 기업 전략, 보안 관련 내용 등.

개인정보 보호를 위한 실천 전략은 다음과 같다.

• 정보 최소화: 요청 목적과 무관한 세부 사항 제거.

• 익명화/추상화: 구체 인물/장소를 일반화 표현으로 대체.

• 단계 분리: 일반 조언 → 민감 정보 적용은 사용자 자체 수행.

• 예시:

- 원문: "김철수, 45세 당뇨병 남성 직원이 최근 이혼 후 업무에 집중을 못 하고 있다. 평가를 어떻게 해야 할까?"

- 개선: "개인적 어려움을 겪고 있는 직원에 대한 평가 방안을 제안해 줘."

• 예시:

- 원문: "우리 회사는 XX사 인수를 고려 중이다. 재무 정보는 다음과 같다."

- 개선: "소프트웨어 업계에서 기업 인수를 평가할 때 고려할 요인을 알려 줘."

조작 및 허위 표현 방지

AI의 설득력 있는 출력 생성 능력은 정보 왜곡, 감정 조작, 권위 오해 등 윤리적 문제를 유발할 수 있다. 다음은 위험한 프롬프트 유형이다.

- 허위 정보 생성: 존재하지 않는 데이터, 가짜 인용, 거짓 후기 등 삽입.
- 감정 조작: 감정 유도, 인지 편향 활용, 비판적 사고 방해.
- AI 역할 은폐: 인간 작성물처럼 보이게 하는 출력.

윤리적 설계 원칙은 다음과 같다.

- 투명성 확보: AI 사용 사실을 명확히 고지.
- 사실과 의견 구분: 주장의 근거 명시, 검증 필요성 강조.
- 조작 지양: 감정 유도보다 이성적 설명 중심.
- 창작권 존중: 타인의 독창적 스타일 모방 방지.

저작권 및 지식재산권 고려

AI는 방대한 학습 데이터로부터 패턴을 학습하지만, 생성된 내용이 기존 저작물과 유사하거나 무단 차용될 수 있다. 고려해야 할 사항은 다음과 같다.

- 저작권 침해: 모방, 복제, 허가 없는 인용.
- 창작 스타일 모방: 특정 작가나 예술가의 고유한 문체.
- 사실 및 데이터 인용: 출처 불명확 또는 허위 생성.

저작권 및 지식재산권을 고려하는 실천 전략은 다음과 같다.

- 고유한 창작 스타일은 피하고 일반적 기법 중심 요청.
- AI가 제공한 인용은 반드시 원문 확인 및 명시.
- AI는 아이디어 생성 도구로 활용하고, 결과물은 직접 편집 및 창작.
- AI 사용 사실을 콘텐츠에 투명하게 명시.
- 예시:

- 모방 프롬프트: "무라카미 하루키 스타일로 소설 써 줘."
- 윤리적 대안: "내면적 독백과 환상적 전개가 포함된 이야기 구조를 써 줘."

유익한 AI 상호작용 설계

윤리적 프롬프트는 단지 해를 피하는 것에 그치지 않고, 사용자의 역량 강화와 사회적 포용성 증진에 기여해야 한다. 지향해야 할 설계 가치는 다음과 같다.

- 의존보다는 역량 강화.

- 사용자의 지식과 이해도를 높이는 상호작용 설계.
- 스스로 판단할 수 있는 능력을 키우는 콘텐츠 유도.
- 비판적 사고를 약화하기보다는 강화.
- 인간의 자율성과 결정 권한을 유지하는 설계.
- 예시: 단순히 정답을 알려 주는 프롬프트보다는, "이 문제를 해결하기 위해 어떤 사고 과정이 필요한가?"처럼 사고의 흐름을 설명하는 방식 권장.

- 포용성과 접근성.

- 다양한 배경과 능력을 가진 사용자를 고려한 설계.
- 사전 지식이 부족한 사용자도 이해할 수 있도록 용어 설명 포함.
- 복잡한 주제를 다양한 수준으로 안내하는 다층적 설계.
- 다양한 문화적 관점을 반영해 편향을 최소화.
- 예시: "블록체인 기술이 무엇인지 초등학생 수준에서 설

명해 줘" 또는 "전문가 수준에서 이 기술의 보안 구조를 설명해 줘"처럼 단계적 대응이 가능하도록 구성.

• 진실성과 비판적 사고.
- 사실과 의견, 추측을 명확히 구분.
- 정보의 신뢰도와 출처를 확인하도록 유도.
- 복합적 이슈에 대해 다양한 관점 제시.
- 불확실성이나 한계점을 숨기지 않음.
- 예시: "이 이슈에 대해 찬반 양측의 주요 근거를 알려 줘. 그리고 각각의 주장에 대해 얼마나 신뢰할 수 있는지도 알려 줘."

• 인간 중심 가치 정렬.
- 효율성뿐 아니라 인간의 복지, 감정, 문화적 맥락 고려.
- 단기 목표보다 지속 가능한 성장을 유도.
- 기술 중심이 아닌 사람 중심의 설계 지향.
- 예시: "업무 효율을 높이는 프롬프트"를 만들 때, 시간 단축만이 아니라 일의 의미, 스트레스 수준, 창의적 참여도 같이 고려.

윤리적 프롬프트를 설계하기 위한 실천 전략은 다음

과 같다.

- 윤리 중심 설계 프로세스.

- 기획 단계부터 윤리 이슈 고려.

- 프롬프트 성능 평가 시 윤리적 영향 포함.

- 다양한 배경의 피드백 반영.

- 잠재적 부작용에 대한 사전 점검 및 대응 방안 마련.

- 이해관계자 고려.

- 최종 사용자뿐 아니라 콘텐츠에 언급된 인물, 해당 정보에 영향을 받을 커뮤니티 등 폭넓게 고려.

- 지속적인 학습과 개선.

- AI 기술과 윤리 기준은 계속 진화함.

- 최신 윤리 이슈에 대한 정보 습득.

- 커뮤니티 참여와 내부 공유를 통한 윤리 문화 확산.

- 조직 차원의 윤리 설계 문화 형성 노력 필요.

주요 내용

프롬프트 엔지니어링은 AI의 출력을 설계하고 조절하는 기술이자, 그 결과가 사회에 미치는 영향을 고려해야 하는 윤리적 행위다. 단순한 명령어가 아닌, 정보 제공과 판단에 영향을 주는 설계 행위로서 인간 중심의 접근이 요구된다.

프롬프트 사용은 위험도에 따라 저위험, 중위험, 고위험으로 나눌 수 있다. 고위험 영역에서는 반드시 전문가의 검토나 경고 문구 삽입 등 보완 조치가 필요하다.

책임 있는 프롬프트 작성에는 세 가지 프레임워크가 있다. 첫째, '영향 평가'는 출력이 미칠 수 있는 사회적 영향을 사전에 예측하는 방식이다. 둘째, '적절성 검토'는 프롬프트가 AI의 한계를 넘지 않는지, 전문가 개입이 필요한 사안은 아닌지 판단하는 기준이다. 셋째, '능력 강화 접근'은 AI가 인간을 대체하는 것이 아닌, 학습과 사고를 지원하는 도구로 쓰이도록 유도한다.

프라이버시 보호도 핵심 윤리 기준이다. 직접 식별 정보뿐 아니라 간접적 노출 가능성이 있는 정보도 포함된다. 개인정보를 최소화하고, 특정성을 제거하거나 일반화한 형태로 질문을 구성하는 것이 권장된다.

조작 가능성과 표현 왜곡도 주의해야 한다. AI가 생성한 콘텐츠는 감정 조작, 허위 정보, 인간 제작물의 오인 가능성을 포함하므로, 생성된 결과에 대해 AI의 개입 여부를 명시하고 사실 · 의견을 구분하는 것이 중요하다.

특정 작가의 스타일을 요구하기보다, 해당 작법을 일반화해 요청하는 방식이 바람직하다.

저작권 및 지식재산권 관련해서는 AI가 생산한 콘텐츠에 포함된 인용, 통계, 서술 방식이 기존 저작물의 재사용이나 모방이 되지 않도록 주의해야 한다. 생성물은 인간 사용자의 검토와 창의적 편집을 거쳐야 하며, AI의 기여는 투명하게 밝혀야 한다.

궁극적으로 윤리적 프롬프트는 해를 피하는 수준을 넘어, 사용자의 이해도와 사고력을 키우고 사회에 긍정적 영향을 줄 수 있는 방향으로 설계되어야 한다. 이를 위해 프롬프트는 포용성과 접근성을 높이고, 정보의 신뢰성과 다양성을 확보하며, 지속적인 개선을 도모해야 한다. 프롬프트는 인간 중심 AI 시대를 구현하는 윤리적 설계의 핵심 수단이어야 한다.

참고문헌

Djeffal, C.(2025.4.22). Reflexive prompt engineering: A framework for responsible prompt engineering and interaction design. *ArXiv,* https://arxiv.org/abs/2504.16204

Jobin, A. et al.(2019.9). The global landscape of AI ethics guidelines. *Nature Machine Intelligence,* 1(2), pp.389~399, https://www.researchgate.net/publication/335579286_The

_global_landscape_of_AI_ethics_guidelines
Sanderson, C. et al.(2021). AI ethics principles in practice: Perspectives of designers and developers. *ArXiv*, https://arxiv.org/abs/2112.07467

09

프롬프트 라이브러리 구축

성공적인 프롬프트 문서화, 반복 작업을 위한 템플릿 생성, 기능 및 목적별 프롬프트 정리, 프롬프트 버전 관리 및 개선 방법을 설명한다. 프롬프트 개발의 공유 및 협업을 통해 독자가 지속적으로 발전할 수 있는 기반을 제공한다.

AI와 화장품?

프롬프트 자산의 전략적 관리

프롬프트 엔지니어링은 단순한 실험 단계를 넘어, 반복 가능하고 확장 가능한 전략적 자산으로 발전시킬 수 있다. 프롬프트를 잘 설계하고 체계적으로 보관함으로써 AI와의 상호작용 효율성을 높이고, 팀 차원 또는 조직 차원의 집단 지식을 축적할 수 있다. 이 장에서는 효과적인 프롬프트 라이브러리를 구축하고 유지하는 구체적인 방법들을 살펴본다.

성공적인 프롬프트의 문서화

프롬프트 라이브러리 구축의 첫 단계는 유용했던 프롬프트를 체계적으로 기록하고 보관하는 것이다. 다음과 같은 구성 요소를 포함하면 재사용성과 확장성이 높아진다. 문서화 구성 요소는 다음과 같다.

- 전체 프롬프트 텍스트: 결과를 잘 도출한 실제 프롬프트를 형식 그대로 기록.
- 사용 목적 및 상황: 어떤 상황에서 어떤 문제를 해결하려는 프롬프트인지 설명.
- 주요 구성 요소: 성공에 기여한 핵심 지시어, 제약 조건, 예시 등.

- 커스터마이징 포인트: 변수 또는 상황에 따라 조정 가능한 부분 명시.
- 입력 요건: 성공적인 출력 생성을 위한 필요한 정보나 형식 명시.
- 예상 출력 형태: 어떤 결과가 이상적인 출력인지 예시 포함.
- 제한점과 예외 케이스: 비효율적이거나 실패할 수 있는 상황 및 대안 제시.

문서화의 예시 프롬프트 문서는 다음과 같다(회의 요약 템플릿).

- 목적: 회의의 주요 결정, 액션 아이템, 논의 사항 정리.
- 사용 맥락: 경영 회의, 프로젝트 킥오프, 전략 회의 등.
- 주요 구성: 핵심 요약, 결정 사항, 행동 과제, 논의 포인트, 향후 일정.
- 예상 출력: 명확하게 구분된 항목별 요약(보통 1~2페이지).
- 제한점: 불완전한 회의록 입력 시 정확도 낮아짐.

반복 업무를 위한 프롬프트 템플릿화

반복적으로 사용하는 프롬프트는 템플릿으로 만들어 두면 일관성과 효율성을 크게 높일 수 있다. 템플릿 설계 원칙은 다음과 같다.

- 명확한 변수 표시: [VARIABLE], {{VARIABLE}} 또는 ALL_CAPS 형태로 식별.
- 기본값 제공: 예상 사용 예시 삽입.
예: TIMEFRAME="2024년 3분기".
- 사용 가이드 포함:
[SCENARIO: 현재 상황을 간략히 기술].
- 모듈화: 섹션별 선택 가능하게 구성.
예: [OPTIONAL: 추천 문구].
- 예시 포함: 템플릿 내부에 바람직한 출력 예시 포함.

반복 업무를 위한 예시 템플릿은 다음과 같다(SNS 마케팅용 콘텐츠 생성).

- 목적: 특정 상품을 대상으로 SNS 콘텐츠 4개 생성.
- 커스터마이징: 제품명, 대상 플랫폼, 핵심 장점, 톤 등 변경 가능.

- 출력 예시 포함: 해시태그, 감정 유도 문구, 이미지 설명 등 포함.

프롬프트 분류 및 구성 체계

프롬프트 라이브러리가 커질수록 목적에 맞게 체계적으로 정리하는 것이 중요하다. 주요 분류 기준은 다음과 같다.

- 기능 기반 분류: 콘텐츠 생성, 분석, 계획, 의사 결정, 커뮤니케이션 등.
- 도메인 기반 분류: 마케팅, 인사, 교육, 재무, 연구 등.
- 출력 형식 기반 분류: 보고서, 요약, 표, 코드, 대화형, 프레젠테이션 스크립트 등.
- 복합 목적 기반 분류: 정보 수집 + 분석 / 콘텐츠 생성 + 시각화 등 복합 활용 유형.
- 하이브리드 태그 시스템: 위 분류를 조합해 유연하게 태깅 가능.

메타데이터는 다음과 같은 항목으로 구성된다.

- 기본 항목: 생성일, 최종 수정일, 작성자, 사용 빈도, 프롬

프트 길이.

• 성과 항목: 성공률(좋은 출력 도출률), 만족도, 사용자 피드백 요약.

• 관리 항목: 승인 여부, 배포 상태, 연관 프롬프트 목록.

프롬프트 탐색 편의성을 위한 설계 팁은 다음과 같다.

• 디렉터리 구조와 태그를 병행 사용해 탐색 효율 향상.

• 검색을 위한 키워드 필드 명시(예: "시장 조사", "의사 결정 지원", "직무 인터뷰" 등).

• 시각적 프롬프트 맵 또는 대시보드 제공(대형 조직 또는 교육 기관용).

프롬프트 버전 관리 및 개선 전략

프롬프트는 고정된 것이 아닌, 지속적으로 개선되어야 한다. 다음과 같은 방식으로 개선 프로세스를 체계화할 수 있다. 버전 관리 방식은 다음과 같다.

• 버전 번호 부여: 예) 1.0(최초), 1.1(소규모 수정), 2.0(구조 개편).

• 변경 이력 기록: 변경일, 변경자, 개선 목적, 결과 요약.

- 버전별 평가 기록: 주요 사용 사례별 성능 지표(성공률, 출력 품질 등).
- 문서 버전 관리 툴 활용: 깃(Git), 노션(Notion) 버전 관리 기능 등.

성능의 개선은 다음과 같은 절차를 통해 이루어진다.

- 개선 대상 선정: 실패 사례 빈도가 높은 프롬프트 선정.
- 원인 분석: 출력 부정확성, 과도한 일반화, 과잉 제약 조건 등.
- 개선안 설계: 지시어 추가, 예시 확장, 변수 표현 수정 등.
- A/B 테스트 수행: 기존 버전과 신규 버전 성능 비교.
- 적용 및 지속 모니터링: 업데이트 적용 후 성능 추적 및 사용자 피드백 수집.

프롬프트 공유 및 협업 방식

조직 또는 커뮤니티 내에서 프롬프트를 공유하고 공동 개발하면 더 풍부한 지식 자산을 구축할 수 있다. 프롬프트 공유 및 협업 모델은 다음과 같다.

- 조직 내 팀 라이브러리: 구성원 간 공유, 수정 이력 관리,

승인 기반 업로드 체계.

• 프로젝트 기반 공유: 특정 프로젝트 전용 프롬프트 패키지 생성 및 유지.

• 커뮤니티 협업: 깃허브(GitHub), 디스코드(Discord) 기반 프롬프트 개발 커뮤니티 참여.

• 전문가 크로스 체크: 도메인 전문가와 공동 작성 및 리뷰 체계 운영.

협업을 위한 도구는 아래와 같다.

• 도구: 노션(Notion), 깃(Git), 옵시디언(Obsidian), 에어테이블(Airtable), 콘플루언스(Confluence) 등.

• 표준 문서 템플릿 통일: 문서 포맷, 변수명 규약, 태그 체계 통일.

• 기여자 관리: 작성자명, 기여 내역 명시, 변경 승인 흐름 유지.

• 리뷰 프로세스: 사내 리뷰어 운영, 월별 품질 점검 회의 등.

다음은 프롬프트를 사용한 협업 문화 구축을 위한 팁이다.

- 공유 시 설명 코멘트 필수.
- 프롬프트 실패 사례 공유 문화 장려.
- 성과 공유 세션 운영(베스트 프롬프트 선정 등).

프롬프트 라이브러리 구축의 지속적인 발전

프롬프트 라이브러리는 단순한 모음집이 아니라, AI 활용의 생산성과 일관성을 확보하는 전략적 자산이다. 이를 통해 다음을 달성할 수 있다.

- 재사용성과 일관성 향상.
- 고품질 출력 유지 및 개선.
- 팀 또는 조직 차원의 지식 축적.
- AI 역량의 표준화 및 확산.

장기적으로는 프롬프트 엔지니어링 자체가 기업 내 하나의 전문 영역으로 정착하며, 학습과 혁신의 기반이 될 수 있다.

주요 내용

프롬프트 엔지니어링은 단순한 실험을 넘어 반복 가능하고 확장 가능한 전략 자산으로 발전할 수 있다. 성공적인 프롬프트는 단순한 문장이 아니라, 목적과 맥락, 주요 구성 요소, 변수화된 요소, 입력 요건, 예상 출력, 실패 가능성까지 포함한 체계적인 문서로 관리되어야 한다. 이를 통해 프롬프트는 재사용성과 확장성이 높아지고, 다양한 사용자와 협업 환경에서도 일관된 성과를 낼 수 있다.

특히 반복 작업에는 템플릿화를 통해 생산성과 일관성을 확보할 수 있다. 변수와 옵션을 구조적으로 표시하고, 기본값과 사용 가이드를 포함하며, 출력 예시를 제공하는 템플릿은 다양한 상황에 유연하게 대응할 수 있다. 예를 들어 SNS 마케팅 콘텐츠 생성 템플릿은 제품명, 대상 플랫폼, 해시태그, 이미지 설명 등을 요소로 포함해 손쉽게 조정 가능하다.

라이브러리가 커질수록 프롬프트의 체계적인 분류와 메타데이터 관리가 중요해진다. 기능, 도메인, 출력 형식 등 다양한 기준에 따라 분류하고, 하이브리드 태그 시스템을 도입하면 복합적인 탐색이 가능해진다. 메타데이터에는 생성일, 사용 빈도, 성공률, 작성자, 승인 여부 등을 포함해 검색성과 유지 보수의 효율을 높일 수 있다.

프롬프트는 고정된 자산이 아니며, 지속적인 개선이 필수적이다. 버전 번호를 부여하고, 변경 이력과 성과를 문서화하며, A/B 테스트와 사용자 피드백을 바탕으로 성능을 향상해야 한다. 실패가 반복되는 프롬프트는 원인 분석 후 지시어 수정, 예시 추가, 구조 재설계 등을 통해 개선할 수 있다.

또한, 프롬프트의 가치는 개인을 넘어 조직과 커뮤니티로 확장될 수 있다. 팀 단위의 라이브러리 공유, 프로젝트별 프롬프트 패키지 운영, 도메인 전문가와의 공동 작성, 커뮤니티 참여를 통한 상호 검토와 공유는 라이브러리의 품질을 높이고 활용도를 확대하는 데 큰 도움이 된다. 문서화 기준과 승인 프로세스, 기여자 기록 체계도 함께 마련되어야 한다.

결과적으로, 프롬프트 라이브러리는 단순한 명령어 모음이 아니라 AI 생산성과 품질을 유지·확산하는 핵심 기반이다. 이를 통해 조직은 지식 자산을 축적하고, 프롬프트 엔지니어링을 하나의 전략적 역량으로 정착시킬 수 있다.

참고문헌

Bach, S. H. et al.(2022.2.2). PromptSource: An integrated development environment and repository for natural language prompts. *ArXiv,* https://arxiv.org/abs/2202.01279

Feng, L. et al.(2023). CoPrompt: Supporting prompt sharing and referring in collaborative natural language programming. *ArXiv*, https://arxiv.org/abs/2310.09235

10
프롬프트 엔지니어링의 미래

최신 AI 트렌드인 멀티모달 프롬프트, 자율 시스템, 도구 사용 등을 소개하며 프롬프트 엔지니어링의 미래 방향성을 탐구한다. 프롬프트 사고방식 개발과 지속적인 학습을 위한 전략을 제시하고, 전문가로 성장할 수 있는 구체적인 경로를 제안한다. 커뮤니티 참여와 지식 공유를 통해 독자들이 AI 기술의 최전선에서 성장할 수 있도록 돕는다.

종교와 AI?

프롬프트 엔지니어링의 진화 방향

이 장에서는 지금까지 다뤄 온 프롬프트 엔지니어링의 기법과 원칙을 바탕으로, 앞으로 이 분야가 어떤 방향으로 발전할지에 대한 전망을 제시한다. AI 기술의 발전 속도가 급격히 빨라지고 있는 가운데, 프롬프트 엔지니어링도 이에 발맞춰 기술적, 윤리적, 사회적 변화를 겪고 있다. 이 장의 목적은 미래를 준비하고 변화에 능동적으로 대응하기 위한 시야를 제공하는 데 있다.

기술 발전이 프롬프트 엔지니어링에 미치는 영향

대규모 모델과 아키텍처 진화

대규모 언어 모델은 지속적으로 확장되고 있으며, 그로 인해 추론 능력, 지식의 깊이와 폭, 문맥 이해도, 지시 따르기 능력 등에서 비약적인 향상이 이뤄지고 있다. 이에 따라 기존에는 프롬프트 엔지니어링을 통해 해결하던 많은 제약 사항이 점차 해소되고 있으며, 프롬프트 설계는 모델의 고도화된 능력을 극대화하는 방향으로 전환되고 있다.

- 예시: GPT-4 기반 모델은 조건부 지시문을 더 정확

히 이해할 수 있어, 복잡한 의사 결정 나무 형태의 프롬프트 작성이 줄어들고, 단순한 의도 중심 프롬프트로도 동일한 성능을 도출할 수 있다.

멀티모달 통합

텍스트 외에 이미지, 음성, 비디오 등의 정보를 동시에 처리하는 멀티모달 모델이 보편화됨에 따라, 프롬프트 엔지니어는 다양한 형태의 지시를 통합적으로 설계해야 한다. 예를 들어 이미지와 텍스트가 함께 입력될 경우, 그 관계를 해석하는 방식, 음성 기반 프롬프트 작성 등 새로운 방식이 요구된다.

- 예시: "다음 이미지의 내용을 요약하고 관련 정보를 검색해서 비교해 줘"라는 프롬프트는 텍스트, 이미지, 검색 결과를 통합적으로 처리해야 하며, 프롬프트 내 지시의 순서와 관계성이 중요하다.

도메인 특화 모델의 부상

법률, 의료, 엔지니어링 등 특정 분야에 특화된 AI 모델의 개발이 활발해지고 있으며, 이들에 맞는 도메인 특화 프롬프트가 필요하다. 일반적인 지시와는 달리, 도메인 지식을 전제로 하는 구조화된 프롬프트 설계 역량이 중요해지고 있다.

- 예시: "이 환자의 진단 데이터를 기반으로 가능한 진단명을 ICD 코드 기준으로 분류하고, 필요한 추가 검사를 추천해 줘" 같은 프롬프트는 의료 전문 모델을 대상으로 설계되어야 한다. 또한, 이러한 모델은 병원 전자의무기록(EMR) 시스템, 판례 검색 시스템 등과 통합되어 실시간 데이터 기반의 프롬프트 응답을 가능하게 한다. 이때 프롬프트 설계자는 보안, 개인정보, 시스템 자원 활용까지 포괄적으로 고려해야 한다.

인간과 AI의 관계 변화

AI가 인간의 언어 스타일을 학습하고, 인간은 AI의 응답 패턴에 기반한 새로운 사고 구조를 받아들이는 공동 진화 흐름이 가속화될 수 있다.

지시에서 협업으로의 전환

AI와의 상호작용은 일방향 명령에서 양방향 협업으로 전환되고 있다.

- 예시: 사용자가 "다음 달 마케팅 전략을 도와줘"라고 하면, AI가 "어떤 제품을 중심으로 구성할까요?", "작년 성과 자료를 참조할까요?" 등 반문하며 전략 수립을

함께 이끌어 간다.

지속적 관계 기반 프롬프트

AI가 사용자와의 상호작용 이력을 학습해 문맥과 관계를 유지하고 반영하는 방향으로 발전하고 있다.

- 예시: 같은 사용자가 "지난 회의 내용 기반으로 보고서 써 줘"라고 하면, 이전 회의 요약 데이터를 참조해 자동으로 문맥을 불러오고 적용한다.

상호 적응과 공동 진화

사용자와 AI가 서로의 출력을 기반으로 사고를 확장하고 학습하는 구조가 가능해지고 있다.

- 예시: 사용자가 여러 번 반복되는 프롬프트 실험 후 AI가 "이번에는 다른 질문 구조를 제안해도 될까요?"라고 응답하면서 새로운 전략을 함께 개발한다.

신흥 프롬프트 패러다임

의도 기반 설계

결과를 도출하는 구체적 절차보다, 목표와 조건, 성공 기준을 중심으로 구성된 프롬프트가 주목받고 있다.

- 예시: "내가 고객과의 신뢰를 높일 수 있는 이메일 시나리오를 만들어 줘. 예의 바르고, 전문적이며, 다음 미팅으로 이어질 수 있게 해 줘." 이는 세부 양식보다 상위 목표를 중심으로 프롬프트를 설계하는 방식이다.

추상화된 패턴 라이브러리

구체적인 지시 대신 다양한 상황에 적용 가능한 패턴이 프롬프트로 정리되고 있다.

- 예시: 문제 정의 → 분석 요청 → 해결안 생성

상황 설명 → 의도 명시 → 행동 요청.

이러한 패턴은 템플릿처럼 다양한 도메인에 이식 가능하다.

다중 에이전트 오케스트레이션

여러 AI가 각각의 역할을 나눠 수행하는 환경이 도입되고 있다.

- 예시: AI 1: 데이터 수집 담당 → AI 2: 통계 분석 → AI 3: 시각화 생성 → AI 4: 요약 정리. 프롬프트 설계자는 각 에이전트에 전달되는 지시 구조, 정보 흐름, 오류 제어까지 고려해야 한다. 또한 사용자 피드백 루프를 통해 각 단계의 출력을 재조정할 수 있는 상호작용형 멀티

프롬프트 구조도 실험되고 있다.

윤리적·사회적 고려 사항

전문성 고려

누구나 AI를 사용할 수 있는 시대가 되었지만, 정교한 프롬프트는 여전히 숙련도를 요구한다. 교육 콘텐츠, 도구 보조, 공동 템플릿 작성이 중요하다.

- 예시: 직관적인 시각 편집 기반의 프롬프트 빌더(GUI)가 비전문가도 고급 프롬프트를 설계할 수 있게 해주는 도구로 활용되고 있다.

중개자 역할과 프롬프트 관리

프롬프트 설계자는 사용자 대신 AI의 사고 방향을 결정하는 '보이지 않는 중개자'다. 프롬프트는 설명 가능하고 검증 가능한 구조로 관리되어야 한다.

안전성과 가치 정렬

AI가 무분별하게 오용되지 않기 위해, 프롬프트 수준에서 안전 제한, 비윤리적 지시 차단, 경고 메시지 삽입 기능이 필요하다.

- 예시: "의료 조언을 생성하되, 반드시 '전문가 상담

필요' 문구를 포함해 줘."

프롬프트의 문화적 맥락 반영

다양한 국가, 언어, 사회 집단의 가치와 표현 방식을 고려한 프롬프트 설계가 요구된다.

- 예시: "한국 직장 문화에서 적절한 사과 이메일 작성해 줘." vs. "미국 실리콘밸리 스타트업 환경에 어울리는 피드백 문구 만들어 줘." 또한 다언어 프롬프트 설계에서는 언어적 표현 차이 외에도 문화적 함의 차이를 반영할 수 있어야 한다.

미래를 준비하는 전략

적응형 전문가로의 성장:

- 원리 기반 사고: 단순 사례 외에도 문제 구조를 분석하고 적용할 수 있는 능력.
- 메타 학습: 새로운 모델, 인터페이스가 등장할 때 빠르게 습득하고 테스트할 수 있는 역량.
- 복합 스킬: 기술+디자인+윤리+기획을 아우르는 복합적 사고 능력.

전략적 포지셔닝:

- 개인 포트폴리오 구축(프롬프트 샘플, 실험 결과 아카이브).
- 협업 커뮤니티 참여 및 컨퍼런스 발표.
- 오픈 소스 프롬프트 기여 또는 해설 콘텐츠 제작.
- 예시: 깃허브(GitHub) 기반 프롬프트 저장소에 지속적으로 업데이트하며, 프롬프트 개선 실험 기록과 성능 분석 지표를 함께 기록하는 활동은 전문성 입증에 효과적이다.

책임 있는 실천:

- 프롬프트 문서화 및 개선 기록.
- 지식 공유(튜토리얼, 사례 분석).
- 거버넌스 논의 참여(표준화, 규범 수립).

장기적 역량 개발

- 시스템 사고 기반의 상호작용 설계 능력 구축.
- AI 윤리 및 기술 거버넌스 지식 강화.
- 인간-AI 공동 창의성과 협업 구조 설계 역량 축적.
- 예시: AI가 창작한 콘텐츠의 구조를 이해하고, 사용자와 공동 창작 환경을 설계할 수 있는 '창의적 파트너십

구축' 능력이 미래 인재로서의 핵심 자산이 된다.

주요 내용

프롬프트 엔지니어링은 인공지능 시스템과의 상호작용을 설계하는 핵심 기술로 자리 잡았으며, 단순한 명령 전달을 넘어 전략 자산으로 진화하고 있다. 특히 대규모 언어 모델의 성능 향상은 프롬프트의 복잡도를 줄이면서도 높은 성과를 유지할 수 있게 했고, 멀티모달 통합과 도메인 특화 모델의 확산은 프롬프트 설계자의 역량을 더욱 다층적으로 요구하고 있다. 이제 프롬프트는 텍스트뿐 아니라 이미지, 음성, 구조화된 데이터와 결합되어, 복합 입력과 다양한 출력을 통합적으로 설계할 수 있어야 한다.

이러한 기술 발전과 함께 인간과 AI의 관계도 빠르게 변화하고 있다. 기존의 일방적인 명령 구조에서 벗어나, AI와의 대화는 협력적이며 점진적인 상호 적응의 방향으로 나아가고 있다. AI는 사용자와의 상호작용 이력을 학습하며, 맥락을 지속적으로 유지하고, 사용자는 AI의 응답 패턴을 이해하며, 사고의 확장을 도모한다. 이로 인해 프롬프트는 단발적인 지시가 아닌, 장기적 협력 관계의 틀로 작동하게 되며, 사용자 맞춤형 응답을 위한 설계가 더욱 중요해지고 있다.

더불어 새로운 프롬프트 패러다임이 등장하고 있다. 절차 중심의 지시가 아닌, 의도 중심의 설계가 확산되며, 결과의 목적과 조건, 성공 기준을 중심으로 프롬프트가 구성된다. 또한, 상황에 따라 반복 활용 가능한 추상적 패턴과, 여러 AI가 역할을 분담하는 다중 에이전트 환경에서의 오케스트레이션 기법이 주목받고 있다. 이러한 흐름은 프롬프트 엔지니어가 단일 모델의 응답만이 아닌, 정보 흐름과 피드백 루프까지 고려하는 고차원적 설계자로 발전하고 있음을 보여 준다.

이와 동시에 윤리적·사회적 고려도 필수적이다. 누구나 AI를 사용할 수 있는 시대지만, 숙련된 프롬프트 설계와 안전한 사용 환경을 구축하려면 교육, 도구, 가이드라인이 함께 마련되어야 한다. 특히 프롬프트 설계자는 사용자 대신 AI의 판단을 유도하는 중개자 역할을 수행하므로, 설계의 투명성, 설명 가능성, 문화적 맥락 반영이 중요한 요소로 부각된다. 또한, 의료나 법률 같은 민감한 영역에서는 프롬프트 내 경고 문구 삽입이나 비윤리적 지시 차단 기능이 반드시 포함되어야 한다.

향후 프롬프트 엔지니어링의 지속 가능한 발전을 위해서는 다음과 같은 전략이 요구된다. 첫째, 원리 기반 사고와 메타 학습을 통해 변화에 적응할 수 있는 전문가로 성장해야 하며, 둘째, 오픈 소스 기여와 협업 커뮤니티 참여를 통해 전략적 포지셔닝을 확보해야 한다. 셋째, 윤리적 실천을 위한 문서화, 공유, 거버넌스 참여가 병행되어야 하고, 마지막으로 인간-AI 공동 창의성 발현을 위한 장기적 역량 강화가 필요하다. 프롬프트 엔지니어는 이제 단순한 명령 작성자가 아닌, 인간 중심 AI 시대를 설계하는 핵심 실무자로 부상하고 있다.

참고문헌

Boston Institute of Analytics(2024.8.29). The future of prompt engineering: Trends and predictions for AI development, *BIA*, https://bostoninstituteofanalytics.org/blog/the-future-of-prompt-engineering-trends-and-predictions-for-ai-development

Malervy, J.(2024.8.4). The future of prompt engineering: Trends to watch in 2025. *AI GPT Journal*, https://aigptjournal.com/explore-ai/ai-prompts/prompt-engineering-trends-2025

Singh, A. et al.(2024.10.9). Exploring prompt engineering: A systematic review with SWOT analysis. *ArXiv*, https://arxiv.org/abs/2410.12843

김용석

건양대학교 AI·SW융합대학 학장이자 인공지능학과 교수다. 고려대학교에서 전자공학 박사학위를 받았으며, 삼성전자에서 수석연구원으로 재직하며 실무 현장에서의 연구개발 경험을 쌓았다. 이후 건양대학교 미래융합기술연구원의 초대 연구원장을 역임하고, 현재는 의료정보원장 및 소프트웨어중심대학사업단 단장으로서 의료데이터 기반 연구와 AI 융합 인재 양성에 힘쓰고 있다. 보건의료데이터유공자 보건복지부장관 표창(2024)을 수상했으며, 스마트팜, 국방 XR, 디지털 헬스케어 등 지역 특화 분야에서 산학연 협력 프로젝트를 다수 수행하고 있다. 주요 연구 분야는 의료 데이터 분석, 인공지능 기반 헬스케어 응용, 소프트웨어 교육 혁신이며, 관련 논문을 국내외 저명 학술지에 다수 발표했다.